White Paper Series Weißbuch-Serie

THE GERMAN LANGUAGE IN THE DIGITAL AGE

DIE DEUTSCHE SPRACHE IM DIGITALEN ZEITALTER

Aljoscha Burchardt DFKI
Markus Egg Humboldt-Universität zu Berlin
Kathrin Eichler DFKI
Brigitte Krenn ÖFAI
Jörn Kreutel FH Brandenburg
Annette Leßmöllmann Hochschule Darmstadt
Georg Rehm DFKI
Manfred Stede Universität Potsdam
Hans Uszkoreit Universität des Saarlandes, DFKI
Martin Volk Universität Zürich

Georg Rehm, Hans Uszkoreit
(Herausgeber, editors)

Editors
Georg Rehm
DFKI
Alt-Moabit 91c
Berlin 10559
Germany
e-mail: georg.rehm@dfki.de

Hans Uszkoreit
DFKI
Alt-Moabit 91c
Berlin 10559
Germany
e-mail: hans.uszkoreit@dfki.de

ISSN 2194-1416 ISSN 2194-1424 (electronic)
ISBN 978-3-642-27165-6 ISBN 978-3-642-27166-3 (eBook)
DOI 10.1007/978-3-642-27166-3
Springer Heidelberg New York Dordrecht London

Library of Congress Control Number: 2012947391

Printed on acid-free paper

Springer is part of Springer Science+Business Media (www.springer.com)

VORWORT PREFACE

Dieses Weißbuch gehört zu einer Serie, die Wissen über Sprachtechnologie und deren Potenzial vermitteln soll und sich insbesondere an Journalisten, Politiker, Sprachgemeinschaften und Lehrende richtet. Die derzeitige Verfügbarkeit und Nutzung von Sprachtechnologie in Europa variiert stark je nach Sprache. Folglich müssen auch die notwendigen Maßnahmen für die künftige Unterstützung dieses Bereiches durch Forschung und Entwicklung variieren. Die Maßnahmen hängen von zahlreichen Faktoren ab, z. B. der Komplexität einer Sprache und der Anzahl ihrer Sprecher.

META-NET, ein von der Europäischen Kommission gefördertes Spitzenforschungsnetzwerk, hat die aktuellen Sprachressourcen und -technologien in der vorliegenden Weißbuch-Serie analysiert (siehe S. 81). Die Analyse umfasst die 23 europäischen Amtssprachen sowie weitere wichtige nationale und regionale Sprachen Europas. Die Ergebnisse zeigen, dass für alle Sprachen beträchtliche Defizite in der technologischen Unterstützung sowie signifikante Forschungslücken existieren. Die ausführliche Expertenanalyse und Bewertung der aktuellen Situation dient dazu, die Wirksamkeit künftiger Forschung zu maximieren.

META-NET besteht aus 54 Forschungszentren in 33 Ländern (siehe S. 77), die mit Interessensvertretern aus Wirtschaft (Softwareunternehmen, Technologieanbietern, Nutzern), Verwaltung, NGOs, Sprachgemeinschaften und europäischen Universitäten zusammenarbeiten. Zusammen mit diesen Gruppen entwickelt META-NET eine gemeinsame Vision für das Technologiegebiet und eine strategische Forschungsagenda für das mehrsprachige Europa 2020.

This white paper is part of a series that promotes knowledge about language technology and its potential. It addresses journalists, politicians, language communities, educators and others. The availability and use of language technology in Europe varies between languages. Consequently, the actions that are required to further support research and development of language technologies also differ. The required actions depend on many factors, such as the complexity of a given language and the size of its community.

META-NET, a Network of Excellence funded by the European Commission, has conducted an analysis of current language resources and technologies in this white paper series (p. 81). The analysis focuses on the 23 official European languages as well as other important national and regional languages in Europe. The results of this analysis suggest that there are tremendous deficits in technology support and significant research gaps for each language. The given detailed expert analysis and assessment of the current situation will help to maximise the impact of future research.

META-NET consists of 54 research centres in 33 European countries [1] (p. 77). META-NET is working with stakeholders from economy (software companies, technology providers and users), government agencies, research organisations, non-governmental organisations, language communities and European universities. Together with these communities, META-NET is creating a common technology vision and strategic research agenda for multilingual Europe 2020.

META-NET – office@meta-net.eu – http://www.meta-net.eu

Die Erstellung dieses Weißbuchs wurde mit Mitteln aus dem Siebten Rahmenprogramm und dem Programm zur Unterstützung der Politik für Informations- und Kommunikationstechnologien der Europäischen Kommission im Rahmen der Verträge T4ME (Finanzhilfevereinbarung 249 119), CESAR (Finanzhilfevereinbarung 271 022), METANET4U (Finanzhilfevereinbarung 270 893) und META-NORD (Finanzhilfevereinbarung 270 899) finanziert.

The development of this white paper has been funded by the Seventh Framework Programme and the ICT Policy Support Programme of the European Commission under the contracts T4ME (Grant Agreement 249 119), CESAR (Grant Agreement 271 022), METANET4U (Grant Agreement 270 893) and META-NORD (Grant Agreement 270 899).

INHALTSVERZEICHNIS TABLE OF CONTENTS

DIE DEUTSCHE SPRACHE IM DIGITALEN ZEITALTER

THE GERMAN LANGUAGE IN THE DIGITAL AGE

ZUSAMMENFASSUNG

Die Sprache ist ein zentraler Bestandteil unserer Kultur und unserer individuellen Identität. Sie ist einem ständigen Wandel unterworfen, der ganz besonders von Entwicklungen der Kulturtechniken und dem Kontakt mit anderen Sprachen bestimmt wird. Noch nie in der Geschichte der Menschheit haben sich Technologien des täglichen Lebens und der Austausch zwischen den Völkern so radikal verändert wie in unserer Zeit. Wir sind die erste Generation, die Computer ganz normal im Alltag zum Schreiben, zum Lesen, zum Rechnen und zur Informationssuche einsetzt, aber auch zum Musikhören und zum Betrachten von Fotos und Filmen. In der Tasche tragen wir kleine Computer mit uns herum, mit denen wir telefonieren und korrespondieren, uns informieren und amüsieren, und das an jedem beliebigen Ort. Welche Bedeutung hat die Digitalisierung von Informationen, Wissen und Kommunikation für unsere Sprache? Wird sie sich ändern, wird sie irgendwann verschwinden?

Unsere Computer sind miteinander verbunden, ihr weltumspannendes Netz wird immer dichter und mächtiger. Das Girl in Ipanema, der Zöllner in Lindau und die Ingenieurin in Katmandu treffen ihre Freunde auf Facebook und dennoch werden sie sich in den Communitys und Foren untereinander nie begegnen. Wenn sie ein Ohrenschmerz beunruhigt, suchen sie in der Wikipedia nach möglichen Ursachen und lesen dennoch nicht denselben Artikel. Wenn die europäischen Netzbürger in Foren und Chaträumen die Konsequenzen des Fukushima-Unglücks auf die europäische Energiepolitik diskutieren, dann nach Sprachgemeinschaften getrennt. Was das Netz verbindet, trennen immer noch die Sprachen seiner Benutzer. Muss das so bleiben?

Viele unserer 6000 Sprachen werden in der Informationsgesellschaft des digitalen Zeitalters nicht überleben; man geht derzeit von mindestens 2000 Sprachen aus, die dem Untergang geweiht sind. Andere werden zwar eine Funktion in Familie und Nachbarschaft behalten, aber nicht im Geschäftsleben oder auf der Universität. Wie stehen die Chancen für das Deutsche?

Die deutsche Sprache ist mit ihren fast 100 Millionen Sprechern im internationalen Vergleich gar nicht so schlecht aufgestellt. Es gibt eine große Zahl öffentlich-rechtlicher Fernsehsender mit deutschsprachigem Programm (Deutschland: 23, Österreich: 6, Schweiz: 4) sowie mehr als 50 private Free-TV-Sender. Die meisten internationalen Spielfilme werden nach wie vor für das Deutsche synchronisiert. Auch der lange schon totgesagte Buch- und Zeitschriftenmarkt ist auf hohem Niveau stabil.

Trotz eines international starken Rückgangs der Rolle des Deutschen ist die Sprache in Europa immer noch die am zweithäufigsten erlernte Fremdsprache. Auf Grund der besonderen Vorgeschichte der europäischen Integration im 20. Jahrhundert haben Deutschland und Österreich bisher nicht konsequent den Status für die deutsche Sprache in der Politik und Verwaltung der EU eingefordert, der ihr gemäß der Zahl ihrer Sprecher und der Unionsverträge zustehen würde. Diese Zurückhaltung brachte den deutschsprachigen Ländern nicht etwa Nachteile, sondern hat zu der seit Jahren beobachteten Imageverbesserung beigetragen.

Vielfach wird aber in den deutschsprachigen Ländern die schleichende Anglisierung des Deutschen prophezeit und beklagt. Hier gibt unsere Studie Entwarnung. Die deutsche Sprache hat die Unterwanderung durch die lateinischen und griechischen Begriffe der Wissenschaftssprachen überlebt wie auch die Französisierung im 18. und frühen 19. Jahrhundert. Dem Opfern schöner Wörter und Wendungen des Deutschen tritt man am besten durch deren häufige und bewusste Verwendung entgegen und nicht durch Polemik und Verordnungen. Unsere Hauptsorge sollte nicht einer schleichenden Anglisierung unserer Sprache gelten, sondern der Verdrängung des Deutschen in wichtigen Bereichen des Lebens. Hier sind nicht die Bereiche gemeint, die einer weltweiten lingua franca bedürfen, wie z. B. der Wissenschaft, der Luftfahrt und der globalen Finanzmärkte, sondern die Vielzahl von Lebensbereichen, in denen die Nähe zum Bürger wichtiger ist als die zu internationalen Partnern, wie Innenpolitik, Verwaltung, Kultur und Einzelhandel.

Der Status einer Sprache hängt nicht nur von der Zahl der Sprecher ab und der Menge von Büchern, Filmen und Fernsehsendern, sondern immer mehr auch von der Präsenz der Sprache im digitalen Informationsraum und den verfügbaren Softwareprodukten für diese Sprache. Auch hier stehen die Zeichen für das Deutsche nicht so schlecht. Alle wesentlichen internationalen Softwareprodukte sind in deutschen Versionen verfügbar. Die deutsche Wikipedia ist die zweitgrößte Wikipedia nach der englischen. Mit mehr als 14 Millionen Einträgen ist die Domäne .de das größte Länderkürzel der Welt.

Sprachtechnologisch ist das Deutsche derzeit auch gut durch Produkte und Ressourcen versorgt. Es gibt Programme für die Sprachsynthese, Spracherkennung, Rechtschreibkorrektur und die Grammatiküberprüfung. Die vielen Produkte zur maschinellen Übersetzung können allerdings bislang selten sprachlich korrekte Übersetzungen erzeugen, besonders bei Übersetzungen ins Deutsche, was zu einem großen Teil an den Eigenschaften unserer Sprache liegt.

Die Informationstechnologie steht vor einer Revolution. Nach Personalisierung, Vernetzung, Miniaturisierung, Multimedialisierung, Mobilisierung und Cloud-Computing kündigt sich eine Technologiegeneration an, die dem Menschen aufs Wort gehorcht und ihn durch Kenntnis seiner Sprache besser in Information und Kommunikation unterstützt. Vorboten dieser Entwicklung sind der Übersetzungsdienst Google Translate, der zwischen 57 Sprachen übersetzt, IBMs Supercomputer Watson, der als Quizchampion die amerikanischen Jeopardy-Meister schlug, und Apples mobiler Assistent Siri, der auf dem iPhone Fragen beantwortet.

Die nächste IT-Generation wird die menschliche Sprache beherrschen – zumindest soweit, dass der Mensch mit der Technologie in seiner Sprache kommunizieren und die Technologie automatisch die wichtigsten Informationen aus dem digitalen Wissen der Welt ziehen kann. Die sprachfähige Technik wird verlässlich übersetzen und dolmetschen können, sie wird Gespräche und Texte zusammenfassen und sie wird beim Lernen helfen. Zum Beispiel wird sie die Zuwanderer, die die deutschsprachigen Länder weiterhin benötigen werden, beim Erlernen der deutschen Sprache und bei der kulturellen Integration unterstützen.

Für diese Stufe der Technologie reichen aber Zeichensätze und Wörterbücher nicht aus, auch nicht Rechtschreibkorrektur und Ausspracheregeln. Wenn es um die Modellierung von Sprachverstehen geht und um die automatische Generierung von richtigen Fragen und Antworten, muss die Technologie die Sprache umfassender modellieren und über die Syntax hinaus bis zur Semantik vorstoßen.

Hier klafft nun aber ein Abstand zwischen dem Englischen und dem Deutschen, der derzeit größer wird und nicht kleiner. Nach erfolgreichen Forschungsanstrengungen in den achtziger und neunziger Jahren ist

Deutschland dabei, seine führende Rolle in der Sprachtechnologie zu verlieren, die es neben dem englischen Sprachraum eingenommen hatte. Im Großprojekt Verbmobil, gefördert durch das Bundesministerium für Bildung und Forschung und die deutsche Industrie, wurden von 1993 bis 2000 Technologien entwickelt, die heute die Grundlage der automatischen Übersetzung bilden, auch der populären Google-Übersetzung. Danach wurde die Förderung stark zurückgefahren, denn die Förderpolitik braucht ständig neue Themen. Auf diese Weise haben Deutschland und ganz Europa bereits einige spannende Hi-Tech-Innovationen an die USA verloren, wo es nicht nur einen längeren Atem in der strategischen Forschungspolitik, sondern auch noch Kapital für die Vermarktung gibt. Im rasanten Wettlauf der technologischen Innovationen sichert einem der visionäre frühe Start nur dann einen Wettbewerbsvorteil, wenn man bis zum Ziel durchhält, ansonsten reicht es nur für die ehrenvolle Erwähnung in der Wikipedia.

Nach dem Rückgang der Sprachtechnologieforschung im deutschen Sprachraum sind viele Experten zur Kommerzialisierung der Technologien in die USA abgewandert und auch einige Spin-off-Firmen aus Verbmobil und anderen Projekten der achtziger und neunziger Jahre wurden bereits von US-Unternehmen gekauft. Dennoch ist das Forschungspotenzial hierzulande immer noch sehr hoch. Neben angesehenen Forschungszentren an und neben den Hochschulen gibt es eine Reihe innovativer kleiner und mittelständischer Sprachtechnologieunternehmen, die sich trotz Mangel an mutigem Kapital und entschlossener Forschungsförderung mit Mühe und Kreativität im Markt halten.

Zwar förderte Deutschland auch im letzten Jahrzehnt wichtige Entwicklungen in der Web- und Suchmaschinentechnologie, so z. B. im Großprojekt THESEUS, aber die deutsche Sprachtechnologie war hier nur marginal beteiligt, so dass die meisten Ergebnisse an Hand der englischen Sprache demonstriert werden.

Bei allen internationalen Technologievergleichen zeigt sich, dass die Ergebnisse für die automatische Analyse des Englischen viel besser sind als die für das Deutsche, auch wenn – oder vielleicht gerade weil – die Methoden ähnliche sind.

Viele Wissenschaftler schreiben diese Entwicklung dem Umstand zu, dass sich die Computerlinguistik und die Sprachtechnologieforschung seit Jahrzehnten mit all ihren Anwendungen hauptsächlich und zuallererst am Englischen versuchen. So wurden die Methoden und Algorithmen seit über fünfzig Jahren stetig dem Englischen angepasst. In einer kleinen ausgewählten Gruppe der führenden Konferenzen und Fachzeitschriften gab es 971 Publikationen zu Sprachtechnologien für das Englische (Zeitraum: 2008–2010). Mit nur 90 Publikationen kam das Deutsche immerhin noch auf Platz drei, deutlich überholt vom Chinesischen mit 228 Publikationen und gefolgt vom Spanischen und Französischen mit jeweils 80 bzw. 75 veröffentlichten Arbeiten.

Andere Wissenschaftler glauben, dass sich das Englische inhärent besser für die digitale Verarbeitung eignet. Auch Sprachen wie das Spanische und das Französische lassen sich mit den heutigen Methoden leichter verarbeiten als das Deutsche. In jedem Fall ist eine dedizierte, konsequente und nachhaltige Forschung nötig, wenn wir die nächste Generation der IT auch in Lebens- und Arbeitsbereichen nutzen wollen, in denen wir Deutsch sprechen und schreiben.

Fazit ist: Derzeit ist die deutsche Sprache entgegen aller Unkenrufe nicht in Gefahr. Auch im digitalen Raum und im Umgang mit der Technologie wird sie derzeit noch nicht vom Englischen verdrängt. Aber das kann sich sehr schnell ändern, wenn die Technologie in Kürze die menschliche Sprache beherrscht. Durch Fortschritte in der automatischen Übersetzung wird die Sprachtechnologie zur Überwindung der Sprachbarrieren beitragen, aber sie wird nur diejenigen Sprachen verbinden, die in der digitalen Welt überlebt haben. Wo sie vorhanden ist, kann die Sprachtechnologie auch kleineren Sprachen den Weiterbestand sichern – wo sie fehlt, kann selbst eine große Sprache unter Druck geraten.

UNSERE SPRACHEN IN GEFAHR: EINE HERAUSFORDERUNG FÜR DIE SPRACHTECHNOLOGIE

Wir sind Zeugen einer digitalen Revolution, die enorme Auswirkungen auf Kommunikation und Gesellschaft hat – die jüngsten Entwicklungen in der digitalen Informations- und Kommunikationstechnologie werden oft mit Gutenbergs Erfindung der Druckerpresse verglichen. Was sagt uns diese Analogie über die Zukunft der europäischen Informationsgesellschaft und insbesondere der unserer Sprachen?

Die digitale Revolution ist mit der Erfindung der Druckerpresse vergleichbar.

Nach Gutenbergs Erfindung wurden echte Durchbrüche im Kommunikations- und Wissensaustausch erzielt, z. B. durch Luthers Bibelübersetzung in die Landessprache. In den folgenden Jahrhunderten wurden Kulturtechniken entwickelt, die die sprachliche Kommunikation und den Wissensaustausch erleichterten:

- Die orthografische und grammatikalische Standardisierung großer Sprachen ermöglichte die schnelle Verbreitung neuer wissenschaftlicher und intellektueller Ideen.
- Die Entwicklung von Amtssprachen ermöglichte es den Bürgern, innerhalb oftmals politischer Grenzen miteinander zu kommunizieren.
- Sprachübergreifender Austausch wurde durch Lehren und Übersetzen von Sprachen möglich.
- Die Schaffung redaktioneller und bibliografischer Richtlinien stellte die Qualität und Verfügbarkeit von Druckmaterial sicher.
- Die Entwicklung von Medien wie Buch, Zeitung, Radio und Fernsehen befriedigte ganz unterschiedliche Kommunikationsbedürfnisse.

In den vergangenen zwanzig Jahren trug die Informationstechnologie zu einer Automatisierung und Vereinfachung zahlreicher Prozesse bei:

- Desktop-Publishing-Software ist an die Stelle von Schreibmaschine und Textsatz getreten.
- Microsoft PowerPoint ersetzte Overhead-Folien.
- Per E-Mail lassen sich Dokumente schneller versenden und empfangen als mit einem Faxgerät.
- Skype ermöglicht preiswerte Telefonanrufe über das Internet und virtuelle Konferenzen.
- Digitale Audio- und Video-Formate erleichtern den Austausch von Multimediainhalten.
- Suchmaschinen bieten Zugriff auf Webseiten per Stichwortsuche.
- Onlinedienste wie Google Translate erzeugen schnell Grobübersetzungen.
- Soziale Medien wie Facebook und Twitter erleichtern Kommunikation und Informationsaustausch.

All diese Anwendungen sind zweifellos hilfreich, aber noch lange nicht ausreichend, um eine nachhaltige, mehrsprachige europäische Gesellschaft zu unterstützen, in der Informationen und Wissen so ungehindert fließen können wie heute schon Waren und Kapital.

2.1 SPRACHGRENZEN BREMSEN DIE EUROPÄISCHE INFORMATIONSGESELLSCHAFT

Wir können nicht genau vorhersagen, wie die Informationsgesellschaft der Zukunft aussehen wird. Es ist jedoch sehr wahrscheinlich, dass die Revolution in der Kommunikationstechnologie Menschen mit unterschiedlichen Sprachen auf eine ganz neue Weise zusammenbringen wird. Dadurch ist der Einzelne angehalten, neue Sprachen zu lernen. Insbesondere sind aber Entwickler gefragt, neue Technologien zu schaffen, die das gegenseitige Verstehen und den Zugriff auf gemeinsam nutzbares Wissen sicherstellen.

Der globale Wirtschafts- und Informationsraum konfrontiert uns mit mehr Sprachen, Sprechern und Inhalten.

Im globalen Wirtschafts- und Informationsraum sorgen digitale Medien dafür, dass immer mehr Menschen, Sprachen und Inhalte an der immer schneller werdenden Kommunikation beteiligt sind. Die Popularität von Plattformen wie Wikipedia, Facebook, Twitter und Google+ ist nur die Spitze des Eisbergs.

Heute können wir in Sekunden gigabyteweise Textmengen um die Welt schicken, bevor wir überhaupt merken, dass sie in einer Sprache sind, die wir gar nicht verstehen. Einem Bericht der Europäischen Kommission zufolge erwerben nur 57% der Internetnutzer in Europa Waren und Dienstleistungen über Online-Shops in Sprachen, die nicht ihre Muttersprache sind – von einem gemeinsamen digitalen Markt innerhalb der Europäischen Union kann keine Rede sein! Englisch ist hierbei die gängigste Fremdsprache, gefolgt von Französisch, Deutsch und Spanisch. 55% der Nutzer lesen Inhalte in einer Fremdsprache, und 35% verwenden eine fremde Sprache, um E-Mails zu schreiben oder online Kommentare zu posten [2]. Vor ein paar Jahren mag Englisch noch die lingua franca des Webs gewesen sein – die meisten Webinhalte waren auf Englisch verfasst – doch das hat sich dramatisch gewandelt. Der Anteil an Onlineinhalten in anderen europäischen Sprachen (wie auch in Sprachen aus Nahost und dem restlichen Asien) hat explosionsartig zugenommen.

Erstaunlicherweise hat diese allgegenwärtige, durch Sprachgrenzen bedingte digitale Kluft bisher kaum öffentliche Aufmerksamkeit erhalten. Es drängt sich eine Frage auf: Welche europäischen Sprachen gewinnen in der vernetzten Informationsgesellschaft an Bedeutung und welche sind dem Untergang geweiht?

2.2 UNSERE SPRACHEN IN GEFAHR

Die Druckerpresse hat den Informationsaustausch in Europa zwar mit vorangetrieben, gleichzeitig aber auch zum Aussterben vieler europäischer Sprachen geführt. Regionale Sprachen und Minderheitssprachen fanden sich kaum in Druckform. Sprachen wie Kornisch und Dalmatisch waren auf mündliche Übertragung begrenzt und damit in ihrer Reichweite stark beschränkt. Wird das Internet die gleiche Auswirkung auf unsere modernen Sprachen haben?

Die breite Sprachenvielfalt in Europa ist eines unserer reichsten und wichtigsten Kulturgüter.

Europas rund 80 Sprachen sind eines unser reichsten Kulturgüter und ein wichtiger Teil des einzigartigen gesellschaftlichen Modells der europäischen Integration [3]. Sprachen wie Englisch und Spanisch werden auf

dem aufstrebenden digitalen Marktplatz wohl überleben, doch zahlreiche europäische Sprachen könnten in der vernetzten Gesellschaft schnell unbedeutend werden. Dies würde Europas Ruf schwächen und dem strategischen Ziel widersprechen, allen europäischen Bürgern ungeachtet ihrer Sprache gleiche Partizipationsmöglichkeiten zuzusichern.
Einem Bericht der UNESCO zufolge ist Sprache ein wichtiges Medium, um grundlegende Rechte wie politische Meinungsäußerung, Bildung und gesellschaftliche Beteiligung wahrnehmen zu können [4].

2.3 SPRACHTECHNOLOGIE IST EINE SCHLÜSSELTECHNOLOGIE

Früher konzentrierten sich Investitionen in den Spracherhalt vor allem auf Sprachausbildung und Übersetzungen. Im Jahr 2008 belief sich der europäische Markt für Übersetzungen, Dolmetschen, Softwarelokalisierung und Website-Globalisierung auf 8,4 Mrd. Euro mit einem geschätzten jährlichen Wachstum von 10% [5]. Diese Zahl deckt jedoch nur einen geringen Teil unseres aktuellen und künftigen Kommunikationsbedarfs zwischen den Sprachen ab. Die einzige Lösung, den Sprachgebrauch im Europa von morgen in voller Breite und Tiefe sicherzustellen, ist der Einsatz geeigneter Technologie – so wie wir auch Technologie einsetzen, um unseren Transport- und Energiebedarf zu decken.
Sprachtechnologie für alle Formen geschriebener und gesprochener Sprache ermöglicht es den Menschen, ungeachtet von Sprachbarrieren und Computerfertigkeiten zusammenzuarbeiten, Geschäfte zu tätigen, Wissen auszutauschen und sich an sozialen und politischen Debatten zu beteiligen. Diese Technologie arbeitet oft unsichtbar in komplexen Softwaresystemen und unterstützt schon heute:

- Informationssuche mit Suchmaschinen
- Rechtschreib- und Grammatikprüfung
- Produktempfehlungen in Online-Shops
- Sprachanweisungen von Navigationssystemen
- Online-Übersetzung von Webseiten

Sprachtechnologie besteht aus einer Reihe von Kerntechnologien, die Einsatz in größerer Anwendungssoftware finden. Die META-NET Weißbücher zeigen auf, wie gut die Kerntechnologien bereits für die einzelnen europäischen Sprachen einsetzbar sind.

Europa benötigt für alle Sprachen robuste und preiswerte Sprachtechnologie.

Damit Europa seine Position an vorderster Front der globalen Innovation behaupten kann, benötigt es eine auf alle europäischen Sprachen abgestimmte Sprachtechnologie, die robust und preiswert ist und sich in größere Softwareumgebungen einbetten lässt. Ohne Sprachtechnologie können wir in der Zukunft keine multimedialen und mehrsprachigen Endanwendungen für alle europäischen Nutzer realisieren.

2.4 CHANCEN FÜR DIE SPRACHTECHNOLOGIE

In der Welt des Druckes bestand der technologische Durchbruch in der raschen Duplizierung eines Textbildes mittels einer ausreichend leistungsstarken Druckerpresse. Dem Menschen kam die mühsame Aufgabe zu, Informationen und Wissen zu suchen, zu bewerten, zu übersetzen und zusammenzufassen. Wir mussten bis Edison warten, um gesprochene Sprache aufnehmen zu können – aber auch seine Technologie fertigte nur analoge Kopien an.
Mithilfe von Sprachtechnologie lassen sich heute auch die Prozesse der Übersetzung, der Inhaltsproduktion

und des Wissensmanagements vereinfachen und automatisieren. Auch können mit Sprachtechnologie intuitive sprachbasierte Schnittstellen für Haushaltselektronik, Maschinen, Fahrzeuge, Computer und Roboter entwickelt werden. Gewerbliche und industrielle Anwendungen für den praktischen Einsatz befinden sich in einer frühen Entwicklungsstufe. Dennoch bieten die bisherigen Erfolge in Forschung und Entwicklung eine einmalige Chance. In bestimmten Domänen funktioniert die maschinelle Übersetzung z. B. bereits relativ präzise. Experimentelle Anwendungen ermöglichen Informations- und Wissensverwaltung sowie die Produktion von Inhalten in mehreren europäischen Sprachen.

Wie bei fast allen Technologien wurden die ersten Sprachanwendungen wie Sprachkommando- und -dialogsysteme für hoch spezialisierte Anwendungen entwickelt und wiesen oftmals nur begrenzte Leistungsfähigkeit auf. In Bereichen wie dem Bildungssektor und der Unterhaltungsbranche bestehen jedoch ungeahnte Marktchancen für die Integration von Sprachtechnologien in Spiele, Edutainment-Pakete, Bibliotheken, Simulationsumgebungen und Schulungsprogramme. Mobile Informationsdienste, computergestützte Sprachlernsoftware, e-Learning-Umgebungen, Selbstbewertungstools und Plagiatserkennungssoftware sind nur einige der Anwendungsbereiche, in denen Sprachtechnologie eine wichtige Rolle spielen wird. Die Popularität von Social Media-Anwendungen wie Twitter und Facebook macht einen weiteren Bedarf an hochentwickelten Sprachtechnologien deutlich, die Postings überwachen, Diskussionen zusammenfassen, Meinungstrends aufspüren, auf emotionale Reaktionen aufmerksam machen, Urheberrechtsverletzungen aufdecken oder Missbrauch nachverfolgen können.

Zudem sei noch der Einsatz von Sprachtechnologie bei Rettungaktionen in Katastrophengebieten genannt, wo deren Leistungsfähigkeit über Leben und Tod entscheiden kann. Hard- und Softwaresysteme für die Kommunikation und die Einsatzkoordination mit integrierten Übersetzungsfunktionen und intelligente mehrsprachige Roboter können Leben retten.

Sprachtechnologie hilft, das „Handicap" Sprachenvielfalt zu überwinden.

Die Sprachtechnologie stellt für die Europäische Union eine ungeheure Chance dar. Durch sie lässt sich das komplexe Thema Mehrsprachigkeit in Europa bewältigen – die Realität der selbstverständlichen Koexistenz verschiedener Sprachen in Unternehmen, Organisationen und Bildungseinrichtungen. Auf dem gemeinsamen Markt müssen die Europäer über Sprachgrenzen hinweg frei kommunizieren können.
Sprachtechnologie kann dabei helfen, diese letzte Barriere zu überwinden, und dabei gleichzeitig den freien und offenen Gebrauch der einzelnen Sprachen wirksam unterstützen. Blicken wir noch weiter in die Zukunft, so wird innovative europäische Sprachtechnologie unseren globalen Partnern als Maßstab dienen, wenn sie beginnen, ihre eigenen mehrsprachigen Gesellschaften technologisch zu unterstützen. Sprachtechnologie kann als technisches Hilfsmittel angesehen werden, um das „Handicap" Sprachenvielfalt zu überwinden und die Sprachgemeinschaften für einander zu öffnen.

2.5 HERAUSFORDERUNGEN FÜR DIE SPRACHTECHNOLOGIE

In den vergangenen Jahren hat die Sprachtechnologie zwar erhebliche Fortschritte gemacht, doch das Tempo des technologischen Fortschritts und der Produktinnovationen ist noch viel zu gering. Weit verbreitete Technologien wie Rechtschreib- und Grammatikkorrektur in Textverarbeitungsprogrammen sind üblicherweise einsprachig und stehen nur für eine Handvoll

Sprachen zur Verfügung. Mit Online-Übersetzungsdiensten lässt sich ein Dokument zwar schnell und grob übersetzen, doch wenn es um genaue und vollständige Übersetzungen geht, versagt diese Technologie.

Der technologische Fortschritt muss beschleunigt werden.

Wegen der Komplexität der menschlichen Sprache ist deren Modellierung in Software und der Einsatz solcher Programme in der Praxis ein langwieriges und kostspieliges Unterfangen. Europa hat bei der technologischen Bewältigung der Herausforderungen durch seine Vielsprachigkeit eine Pionierrolle übernommen. Die kann und muss es behaupten, indem es neue Methoden entwickelt, um den Fortschritt der Sprachtechnologie an vielen Stellen zu beschleunigen. Dazu gehören sowohl Fortschritte in der Verarbeitung als auch neue Forschungsmethoden wie z. B. das Crowdsourcing.

2.6 SPRACHERWERB BEI MENSCH UND MASCHINE

Um zu veranschaulichen, wie Computer Sprache verarbeiten und warum es so schwierig ist, sie so zu programmieren, dass sie verschiedene Sprachen verarbeiten können, wollen wir uns kurz ansehen, wie sich Menschen Erst- und Zweitsprachen aneignen und dann skizzieren, wie Sprachtechnologiesysteme funktionieren.

Der Mensch eignet sich Sprachfertigkeiten durch das Lernen anhand von Beispielen sowie zugrunde liegender Sprachregeln an.

Der Mensch erlernt Sprachfertigkeiten auf zweierlei Weise. Babys eignen sich Sprache an, indem sie den Unterhaltungen zwischen ihren Eltern, Geschwistern und anderen Familienmitgliedern zuhören. Ab einem Alter von etwa zwei Jahren bringen Kinder ihre ersten Worte und kurze Sätze hervor. Das ist nur möglich, weil der Mensch eine genetische Veranlagung besitzt, das Gehörte zu imitieren und dann zu begreifen. Das spätere Erlernen einer zweiten Sprache erfordert deutlich mehr Anstrengungen, vor allem, wenn das Kind nicht in eine Sprachgemeinschaft von Muttersprachlern eingebettet ist. In der Schule eignet man sich Fremdsprachen an, indem grammatikalische Strukturen, Vokabeln und Rechtschreibung mithilfe von Übungen erlernt werden. Dabei wird linguistisches Wissen anhand von abstrakten Regeln, Tabellen und Beispielen erläutert.

Die beiden Hauptarten von Sprachtechnologiesystemen „erwerben" ihre Sprachkompetenz auf ähnliche Weise. Statistische (oder datengetriebene) Ansätze beziehen Sprachkenntnisse aus riesigen Sammlungen konkreter Beispieltexte. Zum Trainieren etwa einer Rechtschreibprüfung reichen Texte in einer einzigen Sprache, für maschinelle Übersetzungssysteme müssen parallele Texte in mindestens zwei Sprachen zur Verfügung stehen. Mit Algorithmen des maschinellen Lernens werden in diesen Paralleltexten dann Muster erkannt, die bestimmen, wie Wörter, Wortgruppen und komplette Sätze übersetzt werden.

Dieser statistische Ansatz kann Millionen von Trainingssätzen erfordern, und die Leistungsqualität erhöht sich mit der Menge des analysierten Textmaterials. Dies ist ein Grund, warum Anbieter von Suchmaschinentechnologien möglichst viel Textmaterial sammeln. Die Rechtschreibkorrektur in Textverarbeitungssystemen und Dienste wie Google Search und Google Translate setzen alle auf statistische Ansätze. Der große Vorteil dieses Verfahrens liegt darin, dass die Maschine in ständigen Trainingszyklen schnell lernt, wobei die Qualität der Ergebnisse sehr unterschiedlich sein kann.

Den zweiten Ansatz in der Sprachtechnologie und der maschinellen Übersetzung bilden regelbasierte Systeme, bei denen Experten aus Linguistik, Computerlinguistik und Informatik manuell grammatikalische Analysen (Übersetzungsregeln) kodieren und Vokabellisten erstellen. Das ist sehr zeitaufwändig und arbeitsintensiv. Einige der führenden regelbasierten Übersetzungssysteme werden bereits seit über dreißig Jahren ständig weiterentwickelt. Der Vorteil regelbasierter Systeme besteht darin, dass die Sprachverarbeitung von den Fachleuten genau kontrolliert werden kann. So lassen sich Softwarefehler systematisch korrigieren, und der Nutzer erhält eine ausführliche Rückmeldung, z. B. wenn regelbasierte Systeme zum Sprachenlernen genutzt werden. Da dieser Ansatz jedoch sehr kostspielig ist, wurde regelbasierte Sprachtechnologie bisher nur für wenige meist große Sprachen entwickelt.

Da die Stärken und Schwächen statistischer und regelbasierter Systeme oft komplementär sind, konzentriert sich die Forschung heute auf hybride Ansätze, die die beiden Methoden kombinieren. Bei industriellen Anwendungen haben sich diese Ansätze bisher jedoch als weniger erfolgreich erwiesen als im Forschungslabor.

Auch wenn die Sprachtechnologie in den vergangenen Jahren erhebliche Fortschritte gemacht hat, besteht, zusammenfassend, nach wie vor enormer Verbesserungsbedarf in puncto Qualität, Robustheit und Abdeckung der sprachtechnologischen Systeme und Methoden. Das gilt insbesondere angesichts der Tatsache, dass viele der in der heutigen Informationsgesellschaft auf breiter Ebene eingesetzten Anwendungen stark von Sprachtechnologie abhängig sind – vor allem im europäischen Wirtschafts- und Informationsraum. Im nächsten Kapitel werden wir die Rolle des Deutschen in der europäischen Informationsgesellschaft genauer unter die Lupe nehmen und den aktuellen Stand der Sprachtechnologie für die deutsche Sprache bewerten.

DEUTSCH IN DER EUROPÄISCHEN INFORMATIONSGESELLSCHAFT

3.1 ALLGEMEINE FAKTEN

Mit rund 100 Millionen Muttersprachlern ist Deutsch die am weitesten verbreitete Muttersprache in der Europäischen Union. Weltweit sprechen rund 30 Millionen Nichtmuttersprachler Deutsch [6]. Deutsch ist zudem diejenige Fremdsprache, die in der EU nach dem Englischen am zweithäufigsten erlernt wird [7].

In der EU ist Deutsch die am zweithäufigsten erlernte Fremdsprache nach Englisch.

In Deutschland ist die deutsche Sprache die allgemein gesprochene und geschriebene Sprache sowie die Muttersprache des größten Teils der Bevölkerung. Minderheitensprachen im Sinne der Europäischen Charta der Regional- oder Minderheitensprachen sind: Dänisch und Nordfriesisch in Schleswig-Holstein, Obersorbisch in Sachsen, Niedersorbisch in Brandenburg, Saterfriesisch in Niedersachsen sowie die Sprache Romani der deutschen Sinti und Roma im gesamten Land. Jede dieser Gruppen repräsentiert einige Zehn- bis Hunderttausende, die die jeweilige Sprache sprechen [8]. Dazu gibt es in Deutschland noch einige Immigrantensprachen wie Türkisch, das von rund 3,3 Millionen Menschen gesprochen wird.

In Österreich und Liechtenstein ist Deutsch die Amtssprache sowie die am häufigsten gesprochene und geschriebene Sprache. In Österreich gibt es außerdem folgende anerkannte Minderheitensprachen: Slowenisch, Kroatisch (Burgenland-Kroatisch), Slowakisch, Romani, Ungarisch und Tschechisch; weiterhin werden Türkisch sowie die Sprachen des ehemaligen Jugoslawien – Bosnisch, Kroatisch, Serbisch – gesprochen. In der Schweiz hat Deutsch neben den Sprachen Französisch, Italienisch und Rätoromanisch Amtssprachencharakter. In Belgien sind Niederländisch, Französisch und Deutsch Amtssprachen, in Luxemburg Luxemburgisch, Deutsch und Französisch. Deutsche Sprachvarianten werden auch von Minderheiten in anderen EU-Ländern gesprochen, z. B. in Frankreich (Elsass und Lothringen), Italien (Südtirol) und Polen (Schlesien).

In Deutschland gibt es eine Vielzahl an Dialekten wie Bayrisch und Schwäbisch. Meist gilt in den verschiedenen Dialekten die gleiche Grammatik, manche weisen aber auch etwas andere syntaktische Strukturen auf. Die Teilung Deutschlands zwischen 1945 und 1989 spiegelt sich noch immer in einigen lexikalischen Unterschieden wider, z. B. *Plastik* (West) versus *Plaste* (Ost). Österreichisches Deutsch ist eine Variante des Deutschen, deren Wortschatz sich von der in Deutschland gebräuchlichen Sprache unterscheidet (siehe Abbildung 1).

Lenisierung (stimmhafte Aussprache von stimmlosen Konsonanten) ist im gesprochenen österreichischen Deutsch weit verbreitet. So wird phonetisch nicht zwischen *backen* und *packen* oder zwischen *Teich* und *Deich* unterschieden. Beim österreichischen Deutsch wird im Gegensatz zum Hochdeutschen in Deutschland nur sel-

	Österreichisches Deutsch	Bundesdeutsch
	Sessel	Stuhl
	Fauteuil	Sessel
	Trafik	Tabakladen

1: Unterschiede zwischen österreichischem Deutsch und Bundesdeutsch

ten die 1. Vergangenheitsform (Präteritum) verwendet: Ereignisse in der Vergangenheit werden vorzugsweise in der 2. Vergangenheitsform (Perfekt) geschildert. Beim Schweizer Deutsch wird auf eine Reihe französischer Wörter wie *Velo* anstatt *Fahrrad* zurückgegriffen. Es gibt auch einige morphologische und orthografische Varianten [9]. Anstelle von *ß* wird *ss* verwendet, und einige Wörter werden anders geschrieben, z. B. *Müesli* statt *Müsli*. Mit ihren vier Amtssprachen ist Mehrsprachigkeit in der Schweiz ein wichtiges Thema.

3.2 BESONDERHEITEN DER DEUTSCHEN SPRACHE

Deutsch weist eine Reihe besonderer Merkmale auf, die zum Reichtum der Sprache beitragen, für die automatische Verarbeitung jedoch eine Herausforderung darstellen, so gibt es z. B. in deutschen Sätzen keine so starre Wortstellung wie im Englischen. Für den deutschen Satz *Der Pfarrer wollte den Apotheker heute treffen* sind neben dem Ausgangssatz mindestens 14 weitere Abfolgevarianten grammatisch richtig, wenngleich manche nur in ganz bestimmten Situationen Verwendung fänden:

- Der Pfarrer wollte heute den Apotheker treffen.
- Heute wollte der Pfarrer den Apotheker treffen.
- Heute wollte den Apotheker der Pfarrer treffen.
- Den Apotheker wollte heute der Pfarrer treffen.
- Den Apotheker wollte der Pfarrer heute treffen.
- Treffen wollte der Pfarrer den Apotheker heute.
- Treffen wollte der Pfarrer heute den Apotheker.
- Treffen wollte heute der Pfarrer den Apotheker.
- Treffen wollte heute den Apotheker der Pfarrer.
- Treffen wollte den Apotheker heute der Pfarrer.
- Treffen wollte den Apotheker der Pfarrer heute.
- Den Apotheker treffen wollte der Pfarrer heute.
- Den Apotheker treffen wollte heute der Pfarrer.
- Heute den Apotheker treffen wollte der Pfarrer.

Aber längst nicht alle Reihenfolgen sind grammatisch korrekt, selbst wenn die Satzglieder nicht auseinander gerissen werden, z. B. gibt es keine Situationen, in denen man die folgenden Sätze äußern würde:

- *Treffen der Pfarrer den Apotheker wollte heute.
- *Wollte treffen heute den Apotheker der Pfarrer.
- *Treffen den Apotheker der Pfarrer wollte heute.

In Englischen ist die Wortstellung weitaus weniger frei. Hier bilden nur drei Abfolgen der Satzglieder korrekte englische Sätze:

- Today the priest wanted to meet the chemist.
- The priest wanted to meet the chemist today.
- The chemist the priest wanted to meet today.

Bestimmte linguistische Merkmale des Deutschen stellen für Computer eine Herausforderung dar.

Deutsch ist zudem äußerst produktiv bei Wortneuschöpfungen, da sich aufgrund der Möglichkeit der Wortbildung mehrere Wörter und Affixe einfach kombinieren lassen. In der Theorie lassen sich so unendlich lange Wörter bilden:

- Gesetz
- Förderungsgesetz
- Ausbildungsförderungsgesetz
- Bundesausbildungsförderungsgesetz

Von 2003 bis 2007 galt in Deutschland tatsächlich die *Grundstücksverkehrsgenehmigungszuständigkeitsübertragungsverordnung*. Menschen können die Bedeutung derartiger Neologismen mühelos ableiten, doch Maschinen stoßen bei ihrer Verarbeitung auf Schwierigkeiten.

Die deutsche Sprache besitzt noch weitere spezifische Merkmale, die eine Verarbeitung durch den Computer sehr schwierig gestalten. Eines davon ist die häufige Verwendung langer Schachtelsätze. Ein weiteres ist die Möglichkeit, trennbare Verbpräfixe weit entfernt von ihrem Verb zu positionieren. Das Verb *vorstellen* findet man z. B. in Sätzen wie:

Er **stellte** sich, nachdem er mir ein Getränk angeboten hatte und wir ins Gespräch gekommen waren, **vor**.

Die Bedeutung des Verbs, das verschiedene Präfixe „annehmen" kann, wie *vor*, *ein* oder *aus*, ist für jemanden, der die deutsche Sprache erlernt, oftmals ziemlich verwirrend. So ändert zum Beispiel das Verb *stellen* seine Bedeutung in *vorstellen*, *einstellen* bzw. *ausstellen*.

3.3 JÜNGSTE ENTWICKLUNGEN

In den 1950er-Jahren hielten immer mehr amerikanische Fernsehserien und Filme Einzug auf dem deutschen Markt. Ausländische Filme und Serien werden zwar ins Deutsche synchronisiert (anders als in Ländern wie z. B. Schweden oder Polen), doch die starke Präsenz des „American Way of Life" in den Medien hatte Einfluss auf die deutsche Kultur und Sprache. Aufgrund der Beliebtheit englischer und amerikanischer Musik seit den 1960er-Jahren ist für Generationen heranwachsender Deutscher die englische Sprache selbstverständlicher Teil ihres Alltags. Englisch erlangte schnell den Status einer „coolen" Sprache, den sie bis heute behalten hat.

Die anhaltende Popularität des Englischen wird durch die riesige Anzahl an Lehnwörtern (Anglizismen) deutlich. Eine systematische Untersuchung von Neologismen in deutschen Zeitungen seit 2000 hat ergeben, dass rund ein Drittel ganz oder teilweise Anglizismen sind [10]. Meist ersetzen die Wörter eine fehlende Vokabel, ergänzen also deutsche Wörter, statt an ihre Stelle zu treten. Doch in einigen Bereichen haben Anglizismen damit begonnen, bestehende deutsche Wörter zu ersetzen. Ein Beispiel hierfür ist der Gebrauch englischer Stellenbezeichnungen in Stellenausschreibungen, insbesondere für Führungspositionen (z. B. *Human Resource Manager* statt *Personalleiter*).

Auch in der Werbung kommen häufig Anglizismen vor. 2003 führte die Markenagentur Endmark eine Studie durch, in der der Gebrauch englischer Werbeslogans durch deutsche Unternehmen untersucht wurde. Die Studie zeigte, dass fast alle der 12 untersuchten Slogans von über der Hälfte der Befragten falsch verstanden wurden. Die Folge war, dass die Unternehmen daraufhin stattdessen die deutschen Äquivalente verwendeten. Das Beispiel zeigt, dass ein bewusster Umgang mit der Sprache verhindern kann, dass große Teile der Bevölkerung – insbesondere die Menschen, die der englischen Sprache nicht kundig sind – von einer uneingeschränkten Teilnahme an der Informationsgesellschaft ausgeschlossen werden.

3.4 SPRACHKULTIVIERUNG IN DEUTSCHLAND

In Deutschland gibt es keine Institution, die für die Entwicklung oder Umsetzung von Richtlinien zum Schutz der deutschen Sprache zuständig ist. Eine Reihe nichtstaatlicher, öffentlich finanzierter Organisationen spielt bei der Förderung der deutschen Sprache jedoch eine wichtige Rolle. Das Goethe-Institut arbeitet mit dem Auswärtigen Amt zusammen und bietet überall auf der Welt Deutschkurse an, um die internationale Stellung der deutschen Sprache zu stärken. Andere Organisationen, die die Sprachkultur und das Sprachbewusstsein in Deutschland fördern wollen, sind u. a. die Deutsche Akademie für Sprache und Dichtung (DASD) sowie die Gesellschaft für Deutsche Sprache (GfDS). Letztere wurde vom Deutschen Bundestag damit beauftragt, die Sprache von Gesetzestexten zu kontrollieren. Das Institut für Deutsche Sprache (IDS) ist das zentrale Forschungszentrum für die deutsche Sprache.

Auch einzelne Autoren tragen zum linguistischen Bewusstsein bei, indem sie unerwünschte Entwicklungen diskutieren. Beispielhaft dafür sind der weit verbreitete fälschliche Gebrauch des Apostrophs (*Maria's Haus* anstatt der richtigen Form *Marias Haus*), Geschäftsjargon und Neologismen. Der bekannteste Autor dieser Art ist Bastian Sick [11] mit seiner Kolumne *Zwiebelfisch* [12]. Private Initiativen beschäftigen sich meist mit Anglizismen: Die Initiative des Vereins Deutsche Sprache (VDS) vergibt jedes Jahr seinen *Kulturpreis Deutsche Sprache* für kreative Beiträge zur Entwicklung der deutschen Sprache. 2010 erhielt der deutsche Sänger Udo Lindenberg die Auszeichnung für Popularisierung und kreativen Gebrauch der deutschen Sprache in der Rockmusik. Die Kampagne *Aktion lebendiges Deutsch* organisiert regelmäßig Wettbewerbe zur Eindeutschung unerwünschter Anglizismen.

In Deutschland gibt es keine Sprachakademie, die Ratschläge zum bevorzugten Sprachgebrauch ausspricht, wie die Académie Francaise in Frankreich oder die Academía Real in Spanien. Zwar war der Duden früher eine präskriptive Quelle für deutsche Rechtschreibung und Grammatik, dieser verfolgt heute aber einen eher deskriptiven Ansatz [13].

Österreich, Deutschland, Liechtenstein und die Schweiz haben sich 2006 auf eine Rechtschreibreform geeinigt.

Die Politik nimmt kaum Einfluss auf die deutsche Sprache. Nach einer zehnjährigen Diskussion haben sich Österreich, Deutschland, Liechtenstein und die Schweiz 2006 auf eine Rechtschreibreform geeinigt. Die ursprünglich geplante Reform wurde abgeschwächt, so dass sie mehr Freiraum zum Schreiben bietet. Die neuen Rechtschreibkonventionen wurden jedoch nicht von allen angenommen. Zahlreiche Zeitungen und Verlage wenden eine Mischung aus alter und neuer Rechtschreibung an.

Es gibt so gut wie keine Maßnahmen zum Schutz des offiziellen Status der deutschen Sprache. Im Dezember 2008 verlangten mehrere Politiker und private Verbände (vor allem der VDS) eine Verfassungsänderung. Es sollte eine Klausel in die Verfassung aufgenommen werden, die die deutsche Sprache (ähnlich wie in Österreich und der Schweiz) als Landessprache der Bundesrepublik Deutschland festlegt. Der Deutsche Bundestag hat dies abgelehnt – das Thema wird jedoch nach wie vor heiß diskutiert. 2004 zog die Regierung die Einführung einer Quote für Radiosender in Betracht, die (ähnlich wie in Frankreich) festlegt, welcher Anteil der ausgestrahlten Titel auf Deutsch gesungen werden muss, konnte diese Idee aber nicht durchsetzen.

Die Beispiele oben veranschaulichen die ungünstige Situation der deutschen Sprache im Vergleich z. B. zum Französischen, das von der globalen Gemeinschaft französisch-sprachiger Menschen (*Francophonie*) enorme finanzielle Unterstützung erhält. Der geschichtlich bedingt vergleichsweise geringe Grad an kultureller Identität, der mit der zeitgenössischen deutschen Sprache verbunden ist, fördert sicherlich eine tolerante und offene Haltung gegenüber kultureller Vielfalt, kann aber gleichzeitig die Wahrung eines bestimmten Standards deutscher Ausdrucksformen bedrohen.

3.5 SPRACHE IM BILDUNGSWESEN

Die im Jahr 2000 veröffentlichte erste Internationale Schulleistungsstudie der OECD (PISA) ergab, dass die Lesekompetenz der deutschen Schüler unter dem Durchschnitt lag, wobei die Ergebnisse von Schülern aus Einwandererfamilien besonders schlecht waren. Die darauf folgende Debatte stärkte das Bewusstsein der Öffentlichkeit über die Bedeutung des Erlernens von Sprache, insbesondere für Einwanderer und ihre soziale Integration. Mithilfe der Empfehlungen der OECD verabschiedete Deutschland in den vergangenen zehn Jahren einige Gesetze, die eine frühzeitige Sprachförderung vorsehen. Ein Beispiel dafür ist das *Gesetz zur vorschulischen Sprachförderung*, das im April 2008 in Berlin in Kraft trat, einer Stadt mit einem sehr hohen Anteil an Kindern, deren Muttersprache nicht Deutsch ist (über 90% der Kinder in einigen Teilen des Stadtteils Neukölln). Das Gesetz sieht einen Deutschtest vor, den Kinder, die nicht den Kindergarten besucht haben, vor der Einschulung ablegen müssen. Außerdem soll Kindern mit unzulänglichen Deutschkenntnissen besondere Sprachförderung zukommen.

Maßnahmen wie das in Berlin verabschiedete Sprachgesetz zeigten Wirkung. So ergab die PISA-Studie 2009, dass sich die Lesekompetenz der deutschen Schüler seit 2000 wesentlich verbessert hat, insbesondere bei Kindern aus Einwandererfamilien. Im Vergleich zu anderen Ländern, in denen eine ähnliche Situation vorherrscht, bestehen jedoch nach wie vor erhebliche Unterschiede in den Sprachkenntnissen von Schülern mit und ohne Migrationshintergrund. Besonders deutlich werden die Unterschiede in Österreich, einem der drei OECD-Länder mit der größten Kluft zwischen der Lesekompetenz junger Leute mit Deutsch als Muttersprache bzw. aus Einwandererfamilien [14].

Der Gebrauch der deutschen Sprache ist ein wichtiger Aspekt bei der Einwanderungspolitik in Deutschland geworden. Das 2005 in Kraft getretene Gesetz zur Kontrolle und Begrenzung der Einwanderung sowie zur Regelung von Aufenthalt und Integration von Einwanderern legt besonderen Wert auf die Notwendigkeit, in Integrationskursen Deutsch zu erlernen. Diese Kurse umfassen 600 Stunden Sprachunterricht sowie eine 30-stündige Einführung in die deutsche Geschichte, Kultur und die deutschen Gesetze. Einwanderern, die nicht an diesen Integrationskursen teilnehmen, können die staatlichen Zuwendungen gekürzt werden, oder sie bekommen Schwierigkeiten, wenn sie ihre Aufenthaltsgenehmigung verlängern wollen. Die Teilnahme an den Kursen ist außerdem eine Voraussetzung für eine unbefristete Aufenthaltsgenehmigung in Deutschland.

Sprachkenntnisse sind eine wichtige Qualifikation für die Bildung und für die Kommunikation im privaten und beruflichen Umfeld. Doch Deutsch spielt als Schulfach in weiterführenden Schulen eine verhältnismäßig geringe Rolle. Den 2003 veröffentlichten Zahlen der OECD zufolge hat der deutsche Sprachunterricht für neun- bis elfjährige Schüler einen Anteil von 20% am Lehrplan, im Vergleich zu einem Anteil von fast 33% des Muttersprachunterrichts in Frankreich, Griechenland und den Niederlanden [15].

Ein vermehrtes Angebot an Deutschunterricht in Schulen ist ein möglicher Schritt, um Schülern die Sprachfertigkeiten zu vermitteln, die sie für eine aktive Teilnahme am gesellschaftlichen Leben benötigen. Sprachtechnologie kann hier einen wichtigen Beitrag leisten. Durch computergestützte Sprachlernsysteme (CALL) können Schüler Sprache auf spielerische Weise erfahren. Wörter in digitalen Texten können mit leicht verständlichen Definitionen oder mit Audio- und Videodateien verknüpft werden, um z. B. Zusatzinformationen wie die richtige Aussprache zur Verfügung zu stellen.

3.6 INTERNATIONALE ASPEKTE

Deutschland wird wegen seiner bedeutenden Beiträge zu Literatur, Philosophie und Wissenschaft oft als das Land der Dichter und Denker bezeichnet. Die Werke von deutschsprachigen Autoren wie Goethe, Kafka und Hesse haben weltweit Ruhm erlangt. Die philosophischen Gedanken von Kant, Hegel, Marx und Nietzsche sowie Freuds Theorie im Bereich der Psychoanalyse haben die moderne Kultur nachhaltig beeinflusst. Wissenschaftler aus deutschsprachigen Ländern haben zahlreiche Nobelpreise in Literatur, Wirtschaft, Physik, Chemie und Medizin gewonnen.

Die Bedeutung von Deutsch als Wissenschaftssprache hat immens abgenommen.

Anfang des 20. Jahrhunderts lagen die deutschsprachigen Länder in den Disziplinen der Wissenschaft an vorderster Stelle, wodurch Deutsch zur wichtigsten Wissenschaftssprache wurde: 30% der wissenschaftlichen Publikationen waren auf Deutsch verfasst. Seitdem hat die Bedeutung von Deutsch als Wissenschaftssprache dramatisch abgenommen – heute werden weniger als 5% der wissenschaftlichen Publikationen auf Deutsch verfasst, die meisten davon in den Disziplinen Recht, Philosophie und Theologie [16]. Das lässt sich nur teilweise auf den relativen Rückgang des Anteils wissenschaftlicher Beiträge aus deutschsprachigen Ländern zurückführen. Selbst in den Universitäten dieser Länder hat Deutsch heute keinen so hohen Stellenwert mehr, so dass in vielen Disziplinen Publikationen vorrangig auf Englisch verfasst werden.

Das Gleiche gilt für die Geschäftswelt. In vielen großen Unternehmen, die grenzüberschreitend tätig sind, ist Englisch zur Verkehrssprache für die schriftliche (E-Mails und Dokumente) und mündliche Kommunikation (Präsentationen und Konferenzen) geworden. Diese Entwicklungen wirken sich auch auf den Status des Deutschen als Fremdsprache aus. In fast allen europäischen Ländern ist an Schulen die Zahl der Deutschlerner in den vergangenen fünf Jahren stark zurückgegangen [17]. Pragmatische Gründe für das Erlernen der deutschen Sprache, z. B. bessere Chancen auf dem Arbeitsmarkt, haben an Bedeutung verloren. Gegenüber dem Englischen und neuerdings auch dem Chinesischen verliert Deutsch an Einfluss.

In der Europäischen Union ist Deutsch eine der drei offiziellen Arbeitssprachen der Europäischen Kommission (neben Englisch und Französisch). In der Praxis wird Deutsch im öffentlichen Geschäft der EU jedoch kaum gebraucht. Nur 3% der von der Europäischen Kommission an die Mitgliedstaaten verschickten Dokumente sind auf Deutsch verfasst [16].

Deutsch ist eine der drei offiziellen Arbeitssprachen der Europäischen Kommission, wird aber in der Praxis kaum verwendet.

Unlängst wurden politische Maßnahmen ergriffen, um diesem Problem beizukommen. 2006 schrieb Norbert Lammert, der Präsident des Deutschen Bundestags, einen Brief an die Europäische Kommission, in dem er ankündigte, dass der Deutsche Bundestag künftig Verträge und ähnliche Dokumente ablehnen werde, wenn keine deutsche Übersetzung zur Verfügung stehe. Sprachtechnologie kann dieser Herausforderung begegnen, indem sie Dienste wie maschinelle Übersetzung oder sprachübergreifende Informationssuche anbietet.

Mithilfe derartiger Technologien lassen sich persönliche und wirtschaftliche Nachteile für nicht-englischsprachige Menschen in Europa mindern.

3.7 DEUTSCH IM INTERNET

2010 waren fast 70% der deutschen Bevölkerung und 74,8% der österreichischen Bevölkerung Internetnutzer, und die meisten dieser Nutzer gaben an, jeden Tag online zu sein [18, 19]. Unter den jungen Menschen ist der Anteil der Internetnutzer in beiden Ländern sogar noch höher. Dass Deutsch im Web sehr stark vertreten ist, spiegelt sich auch in der Tatsache wider, dass die deutsche Wikipedia nach der englischen die zweitgrößte Wikipedia ist (automatisch übersetzte Versionen wie die thailändische Wikipedia werden dabei nicht berücksichtigt).

Die deutsche Wikipedia ist die zweitgrößte Wikipedia nach Englisch. Mit mehr als 14 Millionen Einträgen ist die Domäne .de das größte Länderkürzel der Welt.

Mit rund 14 Millionen Internetdomänen im November 2010 ist die Landesdomäne .de (Deutschland) das größte Länderkürzel der Welt und das zweitgrößte Kürzel nach der Domäne .com [20, 21]. Diese dominante Internetpräsenz zeigt, dass es im Web immense Mengen an Textdaten in deutscher Sprache gibt. Außerdem stehen einige zweisprachige Ressourcen wie das Onlinewörterbuch LEO kostenlos zur Verfügung [22].

Die wachsende Bedeutung des Internets spielt für die Sprachtechnologie eine wichtige Rolle. Zum einen ist die riesige Menge an digitalen Sprachdaten eine Ressource für die Analyse des Gebrauchs natürlicher Sprache, insbesondere zum Sammeln statistischer Informationen über sprachliche Muster. Zum anderen bietet das Internet eine Vielzahl von Anwendungsbereichen für die Sprachtechnologie.

Die am häufigsten genutzte Webanwendung ist die Suche. Sie umfasst die automatische Verarbeitung von Sprache auf mehreren Ebenen, wie wir später noch genauer sehen werden. Für die Websuche wird hochwertige Sprachtechnologie eingesetzt, die an die jeweilige Sprache angepasst werden muss. Für die deutsche Sprache muss dazu z. B. *ä* und *ae* abgeglichen oder Groß- und Kleinschreibung berücksichtigt werden, damit zwischen Substantiven und Verben unterschieden werden kann, z. B. *Fliegen* und *fliegen*.

Ein wichtiger Aspekt für Chancengleichheit in Deutschland und anderen europäischen Ländern ist das *Gesetz zur Gleichstellung behinderter Menschen*, das 2002 in Kraft trat und sich mit dem Thema *Barrierefreie Informationstechnik* auseinandersetzt. Es verlangt von öffentlichen Behörden, dass diese ihre Webseiten und Internetdienste so bereitstellen, dass sie von Behinderten ohne Einschränkungen genutzt werden können. Benutzerfreundliche Sprachtechnologietools stellen eine gute Lösung zur Umsetzung dieser Anforderung dar. Sie bieten z. B. Sprachsynthese, die den Inhalt von Webseiten für Blinde in gesprochener Form wiedergibt.

Internetnutzer und Anbieter von Webinhalten können Sprachtechnologie auch auf weniger offensichtliche Weise nutzen, z. B. für die automatische Übersetzung der Inhalte von Webseiten von einer Sprache in eine andere. Obwohl die manuelle Übersetzung dieser Inhalte sehr kostspielig ist, wurde bisher nur relativ wenig Sprachtechnologie für die Übersetzung von Webseiten entwickelt und eingesetzt, trotz des offensichtlichen Bedarfs. Dies mag in der Komplexität der deutschen Sprache und der Bandbreite an unterschiedlichen Technologien begründet liegen, die für die Anwendungen benötigt werden.

Das nächste Kapitel liefert eine Einführung in die Sprachtechnologie und ihre Kernanwendungsbereiche sowie eine Bewertung der derzeitigen Sprachtechnologieunterstützung für die deutsche Sprache.

4

SPRACHTECHNOLOGIE FÜR DAS DEUTSCHE

Sprachtechnologie dient der Entwicklung von Softwaresystemen zur Verarbeitung geschriebener oder gesprochener Sprache. Gesprochene Sprache ist die älteste und im Hinblick auf die Evolution des Menschen die natürlichste Form der sprachlichen Verständigung. Komplexe Informationen und der größte Teil des menschlichen Wissens werden jedoch in schriftlicher Form erfasst und vermittelt. Sprachtechnologie verarbeitet oder erzeugt diese unterschiedlichen Formen der Sprache mithilfe von Wörterbüchern und syntaktischen und semantischen Regelsystemen oder aber mit statistischen Sprachmodellen. Sprachtechnologie verknüpft also Sprache mit verschiedenen Wissensformen, unabhängig davon, ob es sich um gesprochene oder geschriebene Sprache handelt (siehe Abbildung 2).

Wenn wir kommunizieren, kombinieren wir Sprache mit anderen Kommunikationskanälen und Informationsmedien – Sprechen wird z. B. von Gesten und Gesichtsausdrücken begleitet. Digitale Texte sind oftmals mit Bildern, Tönen oder Videos verknüpft. Filme können Sprache in gesprochener und geschriebener Form enthalten. Sprach- und Texttechnologien überlappen und interagieren also mit anderen Technologien zur Verarbeitung multimodaler und multimedialer Daten.

Im Folgenden werden wir uns mit den Hauptanwendungsbereichen der Sprachtechnologie beschäftigen, insbesondere mit Sprachüberprüfung, Websuche, Sprachinteraktion und maschineller Übersetzung. Dies umfasst Anwendungen und Basistechnologien wie beispielsweise

- Rechtschreibkorrektur
- Unterstützung bei der Texterstellung
- Computergestützter Spracherwerb
- Informationssuche
- Informationsextraktion
- Textzusammenfassung
- Frage-Antwort-Systeme
- Spracherkennung
- Sprachsynthese.

Sprachtechnologie ist ein etabliertes Forschungsgebiet mit weitreichender Grundlagenliteratur. Der interessierte Leser sei auf [23, 24, 25, 26, 27] verwiesen.

Bevor wir die oben genannten Anwendungsbereiche genauer behandeln, werden wir zunächst die Architektur eines typischen sprachtechnologischen Systems beschreiben.

4.1 ANWENDUNGS-ARCHITEKTUREN

Softwareanwendungen für die Sprachverarbeitung bestehen typischerweise aus mehreren Komponenten, die verschiedene Aspekte der Sprache widerspiegeln. Abbildung 3 zeigt die stark vereinfachte Architektur eines typischen Textverarbeitungssystems. Die ersten drei Module verarbeiten die Struktur und Bedeutung der Texteingabe.

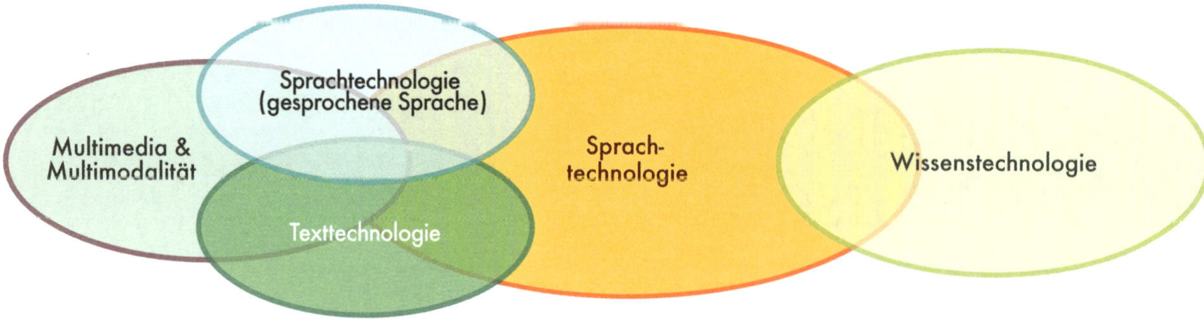

2: Sprachtechnologie im Kontext

1. Vorverarbeitung: bereinigt die Daten, analysiert oder entfernt Formatierung, ermittelt die Eingabesprache usw.
2. Grammatikanalyse: findet das Verb, seine Objekte, Modifikatoren, etc. und ermittelt die Satzstruktur.
3. Semantische Analyse: disambiguiert mehrdeutige Begriffe (ermittelt die passende Bedeutung von Wörtern in einem bestimmten Kontext); löst Anaphern auf (welche Pronomen sich auf welche Nomen beziehen); stellt die Bedeutung des Satzes in maschinenlesbarer Form dar.

Sobald die Analyse eines Textes vorliegt, können aufgabenspezifische Module weitere Operationen ausführen, z. B. eine automatische Zusammenfassung oder eine Datenbanksuche.

Nach einer Einführung in die Kernanwendungen liefern wir einen Überblick über den Stand der Forschung und Ausbildung im Bereich Sprachtechnologie, sowie über frühere und heutige Forschungsprogramme. Am Ende dieses Kapitels präsentieren wir eine Experteneinschätzung zu zentralen Werkzeugen und Ressourcen der Sprachtechnologie im Hinblick auf Dimensionen wie Verfügbarkeit, Reifegrad und Qualität. Die allgemeine Situation der Sprachtechnologie für die deutsche Sprache wird in einer Matrix zusammengefasst (Abbildung 9 auf Seite 32); im Text fett gedruckte Anwendungen und Ressourcen sind ebenfalls in dieser Abbildung zu finden. Im Anschluss wird das Deutsche im Hinblick auf die sprachtechnologische Unterstützung mit anderen Sprachen verglichen, die im Rahmen dieser Weißbuchserie untersucht wurden.

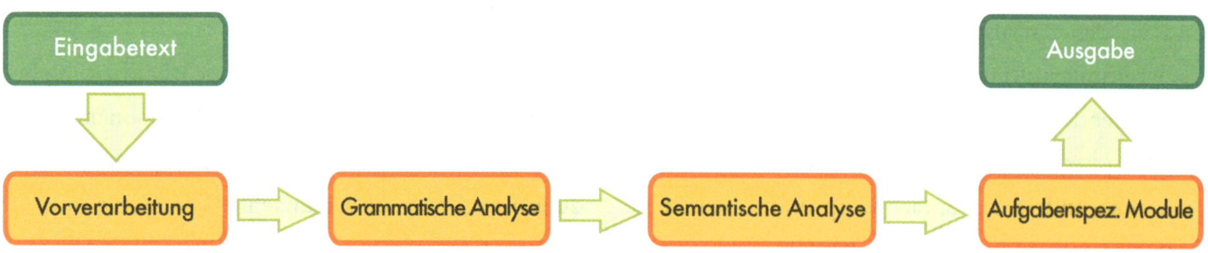

3: Idealisierte Architektur einer Anwendung zur Textverarbeitung

4.2 ZENTRALE ANWENDUNGSBEREICHE

In diesem Abschnitt konzentrieren wir uns auf die wichtigsten sprachtechnologischen Anwendungen und Ressourcen und geben einen Überblick über Aktivitäten im Bereich Sprachtechnologie in Deutschland, Österreich und in der Schweiz.

4.2.1 Sprachüberprüfung

Wer ein Textverarbeitungsprogramm wie Microsoft Word einsetzt, weiß, dass es eine Rechtschreibprüfung besitzt, die Orthografiefehler kenntlich macht und Korrekturen vorschlägt. Die ersten Rechtschreibkorrekturprogramme verglichen die Wörter eines Textes mit einem internen Wörterbuch, das richtig geschriebene Wörter enthielt. Heute sind diese Programme wesentlich ausgefeilter. Mithilfe von sprachabhängigen Algorithmen für die **Grammatikanalyse** erkennen sie Fehler im Hinblick auf Morphologie (z. B. Pluralbildung) sowie einige syntaxbezogene Fehler, z. B. ein fehlendes Verb oder eine fehlende Übereinstimmung zwischen Subjekt und konjugiertem Verb (z. B. *Er *schreiben einen Brief*). Die meisten Rechtschreibprüfungen finden jedoch im folgenden Text keinen Fehler:

> Boot Main Rechner einst Meer Humor,
> nimmt Ehr' Häute Korrekturen vor.

Um derartige Fehler zu finden, ist in der Regel eine Analyse des Kontextes notwendig. Auch um zu bestimmen, ob ein Wort im Deutschen groß oder klein geschrieben werden muss:

- Sie übersetzte den Text ins *Englische*.
- Er las das *englische* Buch.

Diese Art der Analyse muss entweder auf sprachspezifische **Grammatiken** zurückgreifen, die von Computerlinguisten aufwändig in Software kodiert werden, oder auf ein statistisches Sprachmodell. In diesem Fall wird die Wahrscheinlichkeit eines Wortes an einer bestimmten Position berechnet (z. B. zwischen den davor und dahinter stehenden Wörtern). Beispielsweise ist die Wortfolge *englische Buch* eine wesentlich wahrscheinlichere Wortfolge als *Englische Buch*. Ein statistisches Sprachmodell kann aus einer sehr großen Menge an (korrekten) Sprachdaten, einem sogenannten **Textkorpus**, automatisch erstellt werden (siehe Abbildung 4). Diese Ansätze wurden üblicherweise für Daten aus dem Englischen entwickelt. Sie lassen sich nur schwer auf das Deutsche übertragen, denn diese Sprache besitzt eine flexiblere Wortstellung, komplexe Komposita und weitaus mehr Flexion.

Sprachüberprüfung ist nicht auf die Textverarbeitung beschränkt. Sie findet auch bei Systemen zur Autorenunterstützung Anwendung, d. h. in Softwareumgebungen, in denen nach bestimmten Standards Handbücher und andere Dokumentationstexte für z. B. komplexe Softwaresysteme oder das Gesundheitswesen geschrieben werden. Aus Angst vor Kundenbeschwerden über unsachgemäße Anwendung und Schadensersatzforderungen aufgrund falsch verstandener Anweisungen konzentrieren sich Unternehmen verstärkt auf die Qualität ihrer technischen Dokumentation. Gleichzeitig sprechen sie mit Übersetzungen und Lokalisierungen die internationalen Märkte an. Fortschritte in der Verarbeitung natürlicher Sprache haben zur Entwicklung von Softwareanwendungen geführt, die den Verfassern technischer Dokumentation hilft, solche Wörter, Wendungen und Satzformen zu verwenden, die den Branchenregeln und terminologischen Standards der jeweiligen Unternehmen entsprechen.

Einige deutsche Unternehmen und Sprachdienstleister bieten Produkte in diesem Bereich an. Siemens hat mit *Siemens-Dokumentationsdeutsch* eine kontrollierte Sprache für Deutsch zur Verfügung gestellt. Das IAI, ein Saarbrücker Forschungsinstitut, hat ein Prüfmodul

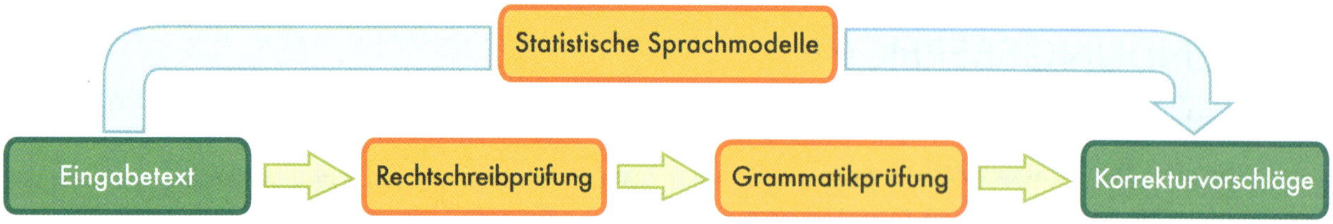

4: Sprachüberprüfung (oben: statistisch; unten: regelbasiert)

für deutsche Grammatik und Stil entwickelt (CLAT). Acrolinx, ein deutsches Unternehmen, bietet Software mit einer hochgradig anpassbaren Sprachüberprüfung sowie einer Terminologiedatenbank an. Die Stilrichtlinien von Acrolinx für technische Dokumentationen raten vom Gebrauch komplexer zusammengesetzter Substantive wie *Achsmesshebebühne* und metaphorischer Sprache wie etwa *blitzschnell* oder *Faustregel* sowie vom Gebrauch des unpersönlichen Pronomens *man* ab (z. B. *Danach stellt man die Maschine aus*). Lange Sätze und Schachtelsätze sollten vermieden werden, weil der Mensch aufgeblähte Sprachkonstrukte nicht so schnell und präzise verarbeiten kann. Auch maschinellen Übersetzungssystemen wird durch die klarere Sprache eine gute Übersetzung erleichtert.

Sprachüberprüfung ist nicht auf den Einsatz in Textverarbeitungen beschränkt. Sie ist auch zur Autorenunterstützung anwendbar.

Neben Rechtschreibprüfungen und Autorenunterstützung spielt die Sprachüberprüfung auch im Bereich des computergestützten Sprachenlernens eine Rolle. Außerdem korrigieren Sprachprüfanwendungen automatisch Anfragen bei Suchmaschinen, z. B. bei den Google-Vorschlägen *Meinten Sie ...*.

4.2.2 Websuche

Die Suche im Web, in Intranets oder digitalen Bibliotheken ist wohl die am weitesten verbreitete, doch derzeit noch stark unterentwickelte Sprachtechnologieanwendung. Die 1998 gestartete Suchmaschine Google wickelt heutzutage rund 80% aller Suchanfragen ab [28]. Seit 2004 ist das Verb *googeln* sogar im Duden eingetragen. Die Darstellungsform der Google-Suchoberfläche und der Ergebnisseite hat sich seit der ersten Version nur unwesentlich verändert. In der heutigen Version bietet Google jedoch eine Rechtschreibkorrektur für falsch geschriebene Wörter, sowie semantik-orientierte Suchfunktionen, die die Suchgenauigkeit erhöhen können, indem sie die Bedeutung von Begriffen in ihrem Suchanfragekontext analysieren [29]. Die Erfolgsgeschichte von Google zeigt, dass eine immens große Menge verfügbarer Daten und effiziente Indizierungstechniken mit einem auf Statistik basierenden Ansatz zufriedenstellende Suchergebnisse liefern können.

Für komplexere Informationsanfragen ist es jedoch wichtig, tiefgreifenderes linguistisches Wissen einzubeziehen, um eine Anfrage interpretieren zu können. Experimente mit **lexikalischen Ressourcen** wie maschinenlesbaren Thesauri oder ontologischen Sprachressourcen (z. B. WordNet für Englisch oder GermaNet für Deutsch) haben gezeigt, dass sich das Suchergebnis verbessern lässt, indem die Anfrage um Synonyme oder andere mit dem ursprünglichen Suchbegriff verwandte Begriffe erweitert wird, z. B. der Suchbegriff *Atomkraft* um die Begriffe *Kernenergie* und *Nuklearenergie*.

Die nächste Generation der Suchmaschinen muss wesentlich anspruchsvollere Sprachtechnologie enthalten, insbesondere um mit Suchanfragen zurechtzukommen,

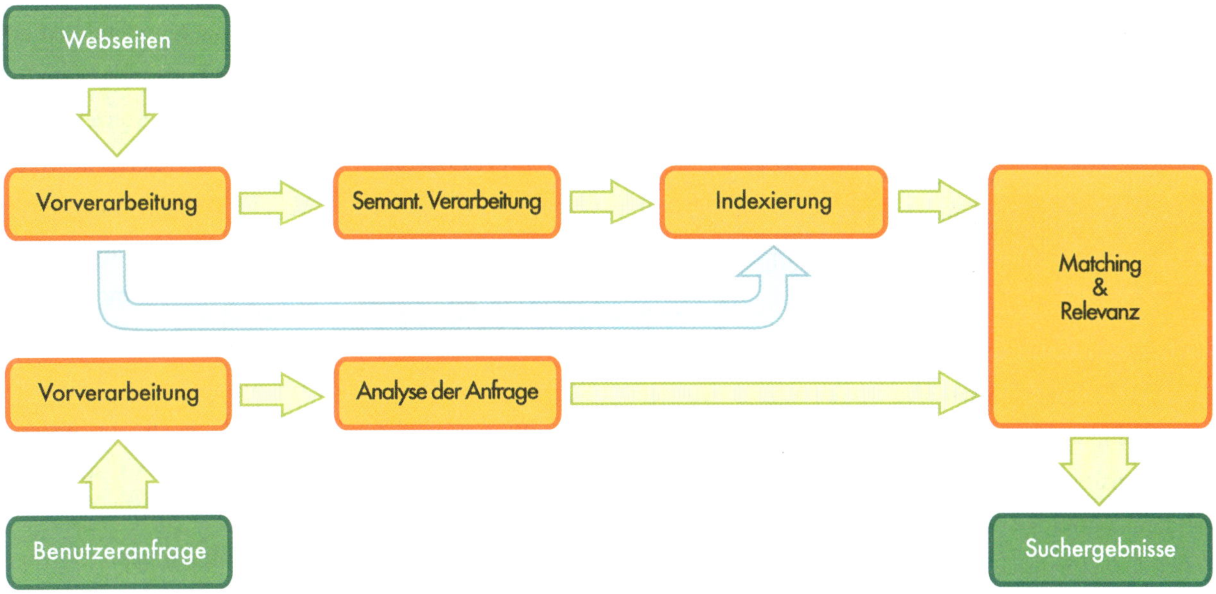

5: Websuche

die aus einer Frage oder komplexeren Ausdrücken anstatt einer Liste von Stichwörtern bestehen. Für die Anfrage *Ich möchte eine Liste aller Firmen, die in den vergangenen fünf Jahren von anderen Unternehmen übernommen wurden* ist neben der syntaktischen auch eine **semantische Analyse** erforderlich (siehe Abbildung 5). Außerdem muss das System einen Index für den schnellen Abruf einschlägiger Dokumente bereitstellen. Eine zufriedenstellende Antwort erfordert syntaktisches Parsing für die Analyse der grammatikalischen Satzstruktur und um festzustellen, dass der Anwender nach Unternehmen sucht, die übernommen wurden, und nicht nach Unternehmen, die andere Unternehmen übernommen haben. Für den Ausdruck *in den vergangenen fünf Jahren* muss das System – basierend auf dem aktuellen Jahr – die entsprechenden Jahre ermitteln. Außerdem muss die Anfrage mit einer riesigen Menge unstrukturierter Daten abgeglichen werden, um diejenigen Information zu finden, die der Anwender wünscht. Das Durchsuchen und Einstufen relevanter Dokumente bezeichnet man als Information Retrieval. Um eine Liste der Unternehmen zu generieren, muss das System außerdem eine bestimmte Wortfolge in einem Dokument als Firmennamen identifizieren.

Die nächste Suchmaschinengeneration muss anspruchsvollere Sprachtechnologie enthalten.

Eine noch größere Herausforderung stellt der Abgleich der Anfrage in einer Sprache mit Dokumenten in einer anderen Sprache dar. Das sprachübergreifende Information Retrieval beinhaltet die automatische Übersetzung der Anfrage in alle möglichen Quellsprachen und die anschließende Rückübersetzung der Ergebnisse in die Zielsprache des Benutzers.

Nachdem heutzutage immer mehr Daten in nicht-textueller Form vorliegen, sind Dienste erforderlich, die eine Abfrage multimedialer Informationen durch eine Suche von Bildern, Audio- und Videodaten ermöglichen. Bei Audio- und Videodateien muss der Sprachinhalt von einem Spracherkennungsmodul in Text (oder in eine phonetische Darstellung) umgewandelt werden, damit anschließend ein Abgleich mit der Anfrage des Nutzers möglich ist.

In Deutschland haben kleine und mittelgroße Unternehmen Suchtechnologien entwickelt und bringen diese erfolgreich zur Anwendung. So entstand unter anderem die erste deutsche Websuchmaschine (Fireball), die 1997 online geschaltet wurde und später von Lycos Europe aufgekauft und zu einem Content-Portal weiterentwickelt wurde. Heute bieten nur wenige deutsche Unternehmen wie Neofonie oder die deutschen Teile der Attensity Group (früher Empolis) eigene Suchmaschinentechnologie an. Unternehmen, die an einer Infrastruktur für grundlegende Suchfunktionen interessiert sind, setzen häufig Open-Source-Technologien wie Lucene und Solr ein. Andere Firmen setzen auf internationale Suchtechnologien wie z. B. von FAST (ein norwegisches Unternehmen, das 2008 von Microsoft übernommen wurde) oder Exalead (ein französisches Unternehmen, das 2010 von Dassault Systèmes aufgekauft wurde).

Diese Unternehmen konzentrieren sich auf die Bereitstellung von Zusatzpaketen und erweiterten Suchmaschinen für große Portale. Dabei findet eine themenspezifische Semantik Anwendung. Aufgrund der hohen Anforderungen an die Rechenleistung sind solche Suchmaschinen nur kosteneffizient, wenn damit verhältnismäßig kleine Textmengen verarbeitet werden. Die Verarbeitung dauert zigtausend mal so lange wie bei einer üblichen statistischen Suchmaschine wie Google. Für die themenspezifische Domänenmodellierung sind diese Suchmaschinen zwar sehr gefragt, im Web mit seinen Milliarden und Abermilliarden von Dokumenten lassen sie sich jedoch nicht einsetzen.

MetaGer ist eine Metasuchmaschine, die von der Universität Hannover betrieben wird. Intrafind, eine in München ansässige Firma, und andere Unternehmen haben sich auf Intranet-Suchanwendungen und Suchanwendungen für Produkte wie SAP spezialisiert, bei denen eine Anpassung an bestimmte Kundendaten erforderlich ist. In der Schweiz liefert Eurospider eine Informationssuche für Internet-Portale. In Österreich gibt es Websuchmaschinen speziell für österreichische Webseiten wie AT:SEARCH, AUSTRIA-SEEK oder AUSTROLINKS, ihre Abdeckung und Reichweite sind jedoch begrenzt. Neben diesen Suchmaschinen haben österreichische Unternehmen Suchtechnologie für besondere Zwecke entwickelt, z. B. 123people, eine Anwendung zur Personensuche in Echtzeit, die die regionale und internationale Suche z. B. für Österreich, Deutschland, Kanada, die USA und Großbritannien unterstützt, oder Tripwolf, eine Onlinereiseplattform.

4.2.3 Interaktive Systeme

Interaktive Systeme sind ein Hauptanwendungsbereich für Technologien zur Verarbeitung gesprochener Sprache. Hierbei geht es um Schnittstellen, die es dem Benutzer ermöglichen, mit dem Computer über gesprochene Sprache zu interagieren statt über grafische Anzeigen, Tastatur und Maus. Heute finden diese sprachbasierten Benutzerschnittstellen (engl. Voice User Interfaces, VUI) bereits bei teil- oder vollautomatischen Telefondiensten Anwendung, die Unternehmen ihren Kunden, Mitarbeitern oder Partnern anbieten (siehe Abbildung 6). Geschäftsdomänen, die VUIs verstärkt einsetzen, sind z. B. Banken, Logistikfirmen, das öffentliche Transportwesen und Telekommunikationsunternehmen. Weitere Anwendungen für die Verarbeitung gesprochener Sprache sind Schnittstellen zu Kfz-Navigationssystemen sowie Alternativen und Ergänzungen zu Touchscreens in Smartphones wie z. B. Siri in Apples iPhone.

Sprachtechnologie ermöglicht Schnittstellen, über die ein Nutzer mittels gesprochener Sprache interagieren kann.

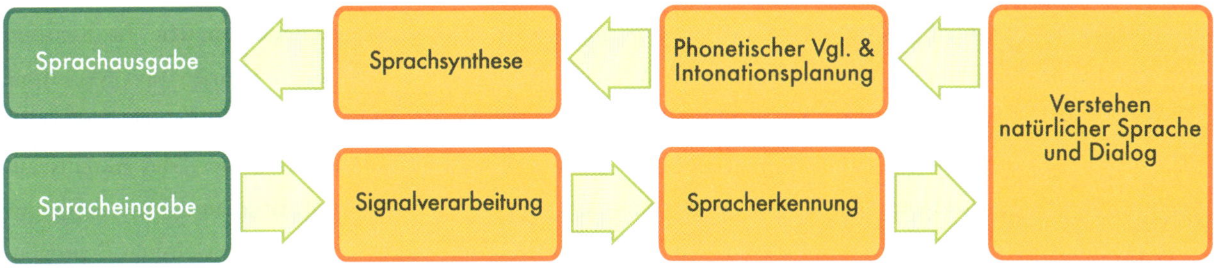

6: Sprachbasiertes Dialogsystem

Interaktive Dialogsysteme umfassen in der Regel vier verschiedene Komponenten:

1. Automatische **Spracherkennung** (ASR) ermittelt, welche Wörter in einer vom Benutzer geäußerten Lautabfolge tatsächlich gesprochen wurden.
2. Sprachverarbeitung analysiert die syntaktische Struktur der Benutzereingabe und interpretiert sie dem jeweiligen System entsprechend.
3. Dialogverwaltung bestimmt auf der Basis der erkannten Benutzereingabe die erforderlichen Schritte des Systems wie Antworten, Nachfragen, Buchungen, Suchen oder Programmaufrufe.
4. **Sprachsynthese** (Text-to-Speech oder TTS) wandelt die Antwort des Systems oder angeforderte Texte in gesprochene Sprache um.

Eine der größten Herausforderungen von ASR-Systemen besteht in der genauen Erkennung der Wortabfolge, die ein Nutzer ausspricht. Hierfür muss entweder der Bereich der möglichen, vom Nutzer ausgesprochenen Wörter auf eine begrenzte Zahl von Stichwörtern beschränkt werden oder es müssen manuelle Sprachmodelle erstellt werden, die eine Vielzahl von Äußerungen abdecken. Mithilfe von Techniken des maschinellen Lernens können Sprachmodelle auch automatisch aus großen Ansammlungen von Sprachaudiodateien und Texttranskriptionen, sogenannten **Sprachkorpora**, erzeugt werden. Eine Begrenzung der möglichen Äußerungen schränkt den Nutzer der sprachlichen Benutzerschnittstelle stark ein, was sich nachteilig auf die Akzeptanz auswirken kann. Die Schaffung und Verwaltung vielfältiger Sprachmodelle ist jedoch mit beträchtlichen Kosten verbunden. VUIs, die Sprachmodelle einsetzen und es dem Nutzer anfangs gestatten, sein Anliegen etwas flexibler auszudrücken – z. B. über die Begrüßungsfloskel *Wie kann ich Ihnen helfen?* – werden von den Nutzern meist besser angenommen.

Unternehmen verwenden oftmals Aufzeichnungen von professionellen Sprechern für die Ausgabe von sprachlichen Benutzerschnittstellen. Für statische Äußerungen, bei denen der Wortlaut nicht von einem bestimmten Kontext oder persönlichen Nutzerdaten abhängt, kann das sehr wirksam sein. Weil für dynamisch erzeugte längere Sprachausgaben einzelne Audiodateien aneinandergefügt werden, kann allerdings die Qualität durch eine unnatürliche Intonation beeinträchtigt werden. TTS-Systeme, die die Ausgabe automatisch synthetisieren, werden zunehmend besser darin, natürlich klingende Sprache zu produzieren, wobei auch hier noch viel Forschung nötig ist, bevor die Ausdrucksmächtigkeit der menschlichen Stimme erreicht ist.

Die auf dem Markt erhältlichen Schnittstellen zur Verarbeitung gesprochener Sprache wurden in den letzten zehn Jahren im Hinblick auf ihre verschiedenen Technologiekomponenten beträchtlich standardisiert. Auch hat in der Spracherkennung und Sprachsynthese eine starke Marktkonsolidierung stattgefunden. Die Binnenmärkte in den G20-Ländern (wirtschaftlich starke Länder mit hohen Bevölkerungszahlen) werden von gerade einmal fünf globalen Playern dominiert, von denen Nuance (USA) und Loquendo (Italien) in Europa die Vormachtstellung haben. 2011 gab Nuance die Übernahme von Loquendo bekannt, was einen weiteren Schritt zur Marktkonsolidierung darstellt.

Auf dem deutschsprachigen TTS-Markt gibt es kleinere Unternehmen wie voiceINTERconnect und Ivona. Die Schweizer Firma SVOX wurde 2011 ebenfalls von Nuance übernommen. Eine Österreichisch-Deutsche TTS-Stimme wurde 2010 von CereProc, einem britischen Unternehmen, kommerzialisiert. Viele Jahre lang unterhielt Philips Speech Recognition Systems eine starke ASR-Forschungs- und Entwicklungseinheit in Österreich, die 2008 von Nuance übernommen wurde. Heute ist Simon Listens eine gemeinnützige österreichische Organisation, die Open-Source-ASR-Software entwickelt und sich dabei auf Anwendungen für Benutzergruppen mit besonderen Anforderungen konzentriert, wie z. B. Körperbehinderte und ältere Menschen.

Im Hinblick auf Technologie und Know-how im Bereich Dialogverwaltung wird der Markt von nationalen mittelständischen Unternehmen dominiert. In Deutschland gehören dazu Crealog, Excelsis und SemanticEdge. Statt auf ein Geschäft mit Produkten auf Basis von Softwarelizenzen zu setzen, sind diese Unternehmen überwiegend Vollserviceanbieter, die sprachliche Benutzerschnittstellen als Teil ihres Systemintegrationsdienstes entwickeln. Im Bereich der Sprachein- und Ausgabe gibt es bisher noch keinen echten Markt für Kerntechnologien, die auf syntaktischer und semantischer Analyse basieren.

In den vergangenen fünf Jahren ist die Nachfrage nach sprachlichen Benutzerschnittstellen in Deutschland rasant gestiegen, vor allem aufgrund der zunehmenden Nachfrage nach Kunden-Self-Service, Kostenoptimierung für automatische Telefondienste und die wachsende Akzeptanz gesprochener Sprache als Medium für die Interaktion zwischen Mensch und Maschine. All dies wurde durch die Schaffung des Netzwerks www.voice-community.de katalysiert, das Akteure aus der Industrie, Forschungsinstitute und Unternehmenskunden zusammenbrachte. Neben weiteren Errungenschaften brachte es einen gemeinsamen Plan für VUI-Qualität auf den Weg und organisierte die jährlich abgehaltene Veranstaltung VOICE Days mit einem Wettbewerb, bei dem in verschiedenen Kategorien VOICE-Awards vergeben wurden. Als akademische Partner spielten unter anderem das DFKI und das Fraunhofer Institut IAO eine wichtige Rolle bei der Verbreitung von Wissen über die Vorteile der Sprachtechnologie in deutsche Unternehmen.

Durch die Verbreitung von Smartphones setzt sich neben WWW und Email eine neue Plattform zur Pflege von Kundenbeziehungen durch. Diese Entwicklung wird große Veränderungen mit sich bringen, u. a. neue Einsatzgebiete für die Sprachtechnologie. Langfristig gesehen wird es deutlich mehr telefonbasierte VUIs geben und gesprochene Sprache wird als benutzerfreundliche Eingabemöglichkeit bei Smartphones eine wesentlich zentralere Rolle spielen. Ausschlaggebend werden dafür vor allem schrittweise Verbesserungen in der Genauigkeit der sprecherunabhängigen Spracherkennung über Diktierdienste sein, die Smartphone-Nutzern bereits heute als zentrale Dienste angeboten werden.

4.2.4 Maschinelle Übersetzung

Die Idee, Computer für die Übersetzung einzusetzen, geht auf das Jahr 1946 zurück. In den 1950er- und 1980er-Jahren wurden größere Summen in die entsprechende Forschung investiert. Doch die **maschinelle Übersetzung** (machine translation, MT) konnte das anfängliche Versprechen einer allgemein verwendbaren automatischen Übersetzung noch nicht einlösen.

Die einfachste Form maschineller Übersetzung ersetzt die Wörter einer Sprache durch Wörter einer anderen Sprache.

Der naheliegendste Ansatz zur maschinellen Übersetzung besteht darin, die Wörter eines Textes in der einen Sprache automatisch durch die entsprechenden Wörter in einer anderen Sprache zu ersetzen. In Themengebieten mit sehr beschränkter, formelhafter Sprache, z. B. bei Wetterberichten, kann dies vereinzelt zum gewünschten Ergebnis führen. Für eine gute Übersetzung weniger standardisierter Texte müssen jedoch größere Texteinheiten (Phrasen, Sätze oder sogar ganze Abschnitte) den jeweiligen Entsprechungen in der Zielsprache zugeordnet werden. Die größte Schwierigkeit besteht in der Mehrdeutigkeit menschlicher Sprache, die auf verschiedenen Ebenen eine Herausforderung darstellt: Auf lexikalischer Ebene muss die passende Bedeutung eines Begriffs identifiziert werden (ist *Jaguar* eine Automarke oder ein Tier?), auf syntaktischer Ebene kann die Fallzuweisung eine Schwierigkeit darstellen, z. B. in:

The woman saw the car and her husband, too.

- Die Frau sah das Auto und **ihr** Mann auch.
- Die Frau sah das Auto und **ihren** Mann auch.

Ein MT-System lässt sich zum einen mithilfe linguistischer Regeln aufbauen. Für Übersetzungen zwischen nahe verwandten Sprachen kann eine wörtliche Übersetzung wie in dem o. g. Beispiel praktikabel sein. Regelbasierte, durch linguistisches Wissen gesteuerte Systeme analysieren den eingegebenen Text und erstellen eine symbolische Zwischendarstellung, aus der der Text in die Zielsprache übertragen werden kann. Der Erfolg dieser Methoden hängt weitgehend von der Verfügbarkeit umfassender Lexika mit morphologischen, syntaktischen und semantischen Informationen sowie umfangreichen Grammatikregelsätzen ab, die von Computerlinguisten mit großer Sorgfalt entworfen werden – ein sehr langer und kostspieliger Prozess.

In den späten 1980er-Jahren, als die Menge an digitalen Texten zunahm und die Rechenleistung der Computer größer und billiger wurde, wuchs das Interesse an statistischen Modellen für die maschinelle Übersetzung. Statistische Modelle werden aus der Analyse mehrsprachiger Textdaten, **paralleler Korpora**, abgeleitet, z. B. dem Parallelkorpus Europarl, der Protokolle des Europäischen Parlaments in 21 europäischen Sprachen umfasst. Wenn ausreichend Daten zur Verfügung stehen, funktioniert statistische MT gut genug, um eine ungefähre Bedeutung eines Textes in einer Fremdsprache durch die Verarbeitung paralleler Versionen und Ermittlung plausibler Wortmuster abzuleiten. Aber im Gegensatz zu regelbasierten Systemen produziert die statistische (oder datengetriebene) MT häufig grammatikalisch fehlerhafte Ergebnisse. Ein Vorteil der datengetriebenen MT ist, dass weniger Aufwand durch den Menschen erforderlich ist. Sie kann außerdem spezielle sprachliche Besonderheiten abdecken (z. B. idiomatische Ausdrücke), die bei regelbasierten Systemen oft außer Acht gelassen werden.

Die Stärken und Schwächen der regelbasierten und statistischen Systeme zur maschinellen Übersetzung (siehe Abb. 7) ergänzen sich häufig, sodass sich die Forschung heutzutage auf hybride Ansätze konzentriert, die beide Methoden kombinieren (vgl. den Abschnitt „Spracherwerb bei Menschen und Maschinen“). Eine Möglichkeit besteht darin, regelbasierte und statistische Systeme mit einem Auswahlmodul zu verbinden, das bei jedem Satz das beste Ergebnis bestimmt. Die Ergebnisse sind jedoch bei längeren Sätzen (mit mehr als ca. 12 Wörtern) oftmals weit davon entfernt, perfekt zu sein. Eine bessere Lösung ist die Kombination der besten Teile jedes Satzes aus mehreren Ergebnissen. Das kann eine ziemlich komplexe Aufgabe werden, da die entsprechenden

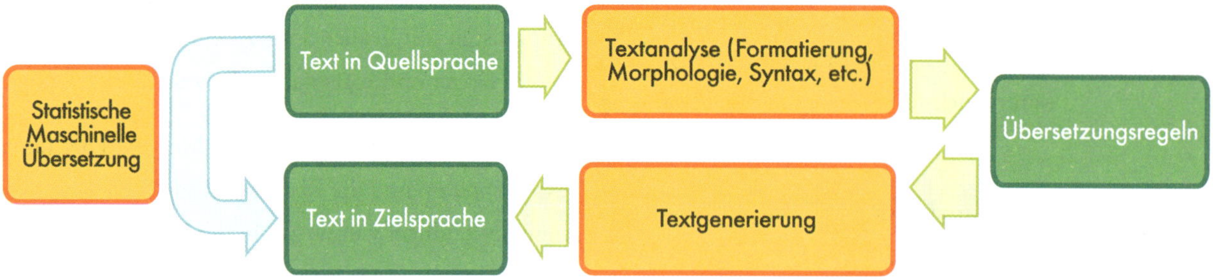

7: Maschinelle Übersetzung (links: statistisch; rechts: regelbasiert)

Teile mehrerer Alternativen nicht immer offensichtlich sind und aufeinander abgestimmt werden müssen.
Die Möglichkeit der beliebigen Wortneuschöpfung durch das Verbinden bestehender Wörter erschwert die Wortanalyse und die Erstellung von Wörterbüchern für das Deutsche. Die freie Wortstellung und getrennte Verbkonstruktionen können bei der Satzanalyse zu Problemen führen. Die umfangreiche Flexion stellt eine Herausforderung dar, wenn Wörter mit richtigem Geschlecht und im richtigen Fall gebildet werden müssen.

Maschinelle Übersetzung stellt bei der deutschen Sprache eine besondere Herausforderung dar.

Einige der wichtigsten bestehenden MT-Systeme wurden in Deutschland entwickelt und meist auf der Grundlage amerikanischer Technologien oder Forschungssysteme in Deutschland zur Marktreife gebracht und kommerzialisiert.
Hierzu zählen LOGOS, METAL (Siemens) und LMT (IBM Heidelberg). Als diese Unternehmen ihr anfängliches Engagement für die Entwicklung dieser Technologie einstellten, wurden die Rechte für die Verwertung und Weiterentwicklung auf Geschäftsausgründungen übertragen. LOGOS wurde als Open-Source System zur Verfügung gestellt. METAL wurde von GMS und später von Lucy Software übernommen und auf dem Einzelhandelsmarkt auch als Langenscheidt T1 angeboten. Das IBM-System bildet die Grundlage für Produktangebote von Linguatec (Personal Translator) und Lingenio (translate). CLS Communication bietet MT in der Schweiz an. Alle diese Systeme arbeiten regelbasiert. Obwohl auf nationaler und internationaler Ebene im Bereich dieser Technologie viel Forschungsarbeit geleistet wird, sind hybride Systeme bisher bei professionellen Anwendungen wesentlich weniger erfolgreich als im Forschungslabor.

Der Einsatz maschineller Übersetzung kann die Produktivität erheblich steigern, sofern das System in intelligenter Weise an die benutzerspezifische Terminologie angepasst und in die Arbeitsabläufe integriert wird. Spezielle Systeme für interaktive Übersetzungsunterstützung wurden z. B. von Siemens entwickelt. Sprachportale wie die Webseite von Volkswagen bieten Zugriff auf Wörterbücher, firmenspezifische Terminologie, gespeicherte Übersetzungen und Unterstützung durch MT.

Bezüglich der Qualität von MT-Systemen besteht noch immenses Verbesserungspotenzial. Zu den Herausforderungen gehören die Anpassung von Sprachressourcen an ein bestimmtes Themengebiet oder einen Anwendungsbereich sowie die Integration der Technologie in Arbeitsabläufe, bei denen bereits mit Terminologiedatenbanken und Übersetzungsspeichern gearbeitet wird. Ein weiteres Problem liegt darin, dass die meisten aktuellen Systeme auf dem Englischen basieren und nur für

	Zielsprache – Target language																				
	EN	BG	DE	CS	DA	EL	ES	ET	FI	FR	HU	IT	LT	LV	MT	NL	PL	PT	RO	SK	SL	SV
EN	–	40.5	46.8	52.6	50.0	41.0	55.2	34.8	38.6	50.1	37.2	50.4	39.6	43.4	39.8	52.3	49.2	55.0	49.0	44.7	50.7	52.0
BG	61.3	–	38.7	39.4	39.6	34.5	46.9	25.5	26.7	42.4	22.0	43.5	29.3	29.1	25.9	44.9	35.1	45.9	36.8	34.1	34.1	39.9
DE	53.6	26.3	–	35.4	43.1	32.8	47.1	26.7	29.5	39.4	27.6	42.7	27.6	30.3	19.8	50.2	30.2	44.1	30.7	29.4	31.4	41.2
CS	58.4	32.0	42.6	–	43.6	34.6	48.9	30.7	30.5	41.6	27.4	44.3	34.5	35.8	26.3	46.5	39.2	45.7	36.5	43.6	41.3	42.9
DA	57.6	28.7	44.1	35.7	–	34.3	47.5	27.8	31.6	41.3	24.2	43.8	29.7	32.9	21.1	48.5	34.3	45.4	33.9	33.0	36.2	47.2
EL	59.5	32.4	43.1	37.7	44.5	–	54.0	26.5	29.0	48.3	23.7	49.6	29.0	32.6	23.8	48.9	34.2	52.5	37.2	33.1	36.3	43.3
ES	60.0	31.1	42.7	37.5	44.4	39.4	–	25.4	28.5	51.3	24.0	51.7	26.8	30.5	24.6	48.8	33.9	57.3	38.1	31.7	33.9	43.7
ET	52.0	24.6	37.3	35.2	37.8	28.2	40.4	–	37.7	33.4	30.9	37.0	35.0	36.9	20.5	41.3	32.0	37.8	28.0	30.6	32.9	37.3
FI	49.3	23.2	36.0	32.0	37.9	27.2	39.7	34.9	–	29.5	27.2	36.6	30.5	32.5	19.4	40.6	28.8	37.5	26.5	27.3	28.2	37.6
FR	64.0	34.5	45.1	39.5	47.4	42.8	60.9	26.7	30.0	–	25.5	56.1	28.3	31.9	25.3	51.6	35.7	61.0	43.8	33.1	35.6	45.8
HU	48.0	24.7	34.3	30.0	33.0	25.5	34.1	29.6	29.4	30.7	–	33.5	29.6	31.9	18.1	36.1	29.8	34.2	25.7	25.6	28.2	30.5
IT	61.0	32.1	44.3	38.9	45.8	40.6	26.9	25.0	29.7	52.7	24.2	–	29.4	32.6	24.6	50.5	35.2	56.5	39.3	32.5	34.7	44.3
LT	51.8	27.6	33.9	37.0	36.8	26.5	21.1	34.2	32.0	34.4	28.5	36.8	–	40.1	22.2	38.1	31.6	31.6	29.3	31.8	35.3	35.3
LV	54.0	29.1	35.0	37.8	38.5	29.7	8.0	34.2	32.4	35.6	29.3	38.9	38.4	–	23.3	41.5	34.4	39.6	31.0	33.3	37.1	38.0
MT	72.1	32.2	37.2	37.9	38.9	33.7	48.7	26.9	25.8	42.4	22.4	43.7	30.2	33.2	–	44.0	37.1	45.9	38.9	35.8	40.0	41.6
NL	56.9	29.3	46.9	37.0	45.4	35.3	49.7	27.5	29.8	43.4	25.3	44.5	28.6	31.7	22.0	–	32.0	47.7	33.0	30.1	34.6	43.6
PL	60.8	31.5	40.2	44.2	42.1	34.2	46.2	29.2	29.0	40.0	24.5	43.2	33.2	35.6	27.9	44.8	–	44.1	38.2	38.2	39.8	42.1
PT	60.7	31.4	42.9	38.4	42.8	40.2	60.7	26.4	29.2	53.2	23.8	52.8	28.0	31.5	24.8	49.3	34.5	–	39.4	32.1	34.4	43.9
RO	60.8	33.1	38.5	37.8	40.3	35.6	50.4	24.6	26.2	46.5	25.0	44.8	28.4	29.9	28.7	43.0	35.8	48.5	–	31.5	35.1	39.4
SK	60.8	32.6	39.4	48.1	41.0	33.3	46.2	29.8	28.4	39.4	27.4	41.8	33.8	36.7	28.5	44.4	39.0	43.3	35.3	–	42.6	41.8
SL	61.0	33.1	37.9	43.5	42.6	34.0	47.0	31.1	28.8	38.2	25.7	42.3	34.6	37.3	30.0	45.9	38.2	44.1	35.8	38.9	–	42.7
SV	58.5	26.9	41.0	35.6	46.6	33.3	46.6	27.4	30.9	38.9	22.7	42.0	28.2	31.0	23.7	45.6	32.2	44.2	32.7	31.3	33.5	–

8: Maschinelle Übersetzung zwischen 22 EU-Sprachen – Machine translation between 22 EU-languages [30]

wenige Sprachen eine Übersetzung aus dem Deutschen und in das Deutsche unterstützen. Dies führt zu Reibung bei den Übersetzungsarbeitsabläufen und zwingt Anwender der MT, verschiedene Lexikonkodierungstools für verschiedene Systeme zu erlernen.

Anhand von Evaluationen lassen sich die Qualität von MT-Systemen, die verschiedenen Ansätze und der Status der Systeme für verschiedene Sprachenpaare vergleichen. Abbildung 8, erstellt im Rahmen des EU-Projekts Euromatrix+, zeigt die Ergebnisse für die Sprachpaare von 22 der 23 Amtssprachen der EU (Irisch wurde wegen mangelnder Sprachdaten erst später einbezogen). Die Ergebnisse baieren auf BLEU-Punktewerten [31]. BLEU ist eine automatisierte Evaluationsmethode, die Hinweise auf die Qualität der Übersetzung liefert; bessere Übersetzungen erhalten mehr Punkte. Ein menschlicher Übersetzer würde etwa 80 Punkte erzielen. Die besten Ergebnisse (in grün und blau) wurden für Sprachen erreicht, bei denen beträchtliche Forschungsarbeit in koordinierte Programme gesteckt wurde und die über viele parallele Korpora verfügen (z. B. Englisch, Französisch, Niederländisch, Spanisch und Deutsch). Die Sprachen mit schlechteren Ergebnissen sind rot dargestellt. Bei diesen Sprachen mangelt es entweder an entsprechender Entwicklungsarbeit, oder sie unterscheiden sich strukturell erheblich von anderen Sprachen (z. B. Ungarisch, Maltesisch und Finnisch).

4.3 ANDERE ANWENDUNGSBEREICHE

Die Erstellung von Sprachtechnologieanwendungen umfasst eine Reihe von Aufgaben, die bei der Interaktion mit dem Anwender nicht immer an die Oberfläche treten. Sie bieten jedoch beträchtliche Servicefunktionen hinter den Kulissen des betreffenden Sys-

tems. Sie alle stellen wichtige Forschungsthemen dar, die sich mittlerweile zu eigenständigen Unterdisziplinen der Computerlinguistik entwickelt haben.
Die automatische Fragenbeantwortung ist z. B. ein aktives Forschungsfeld, in dem Vergleichsdaten für die Entwicklung und Bewertung von Systemen sowie wissenschaftliche Wettbewerbe ins Leben gerufen wurden. Das Konzept der Fragenbeantwortung geht über die auf Stichwörtern basierende Suche hinaus (bei der die Suchmaschine antwortet, indem sie eine Sammlung potenziell relevanter Dokumente liefert). Vielmehr können Nutzer eine konkrete Frage stellen, auf die das System eine Antwort liefert, z. B.:

Frage: Wie alt war Neil Armstrong, als er den ersten Schritt auf den Mond gesetzt hat?
Antwort: 38.

Die Fragenbeantwortung ist eng mit dem Kernbereich der Websuche verknüpft. Es ist heutzutage ein Überbegriff für verschiedene Forschungsthemen, z. B. welche Fragentypen es gibt und wie sie gehandhabt werden sollten, wie eine Reihe von Dokumenten, die möglicherweise die Antwort enthalten, analysiert und verglichen werden kann (liefern sie widersprüchliche Antworten?) und wie bestimmte Informationen (die Antwort) zuverlässig aus einem Dokument extrahiert werden können, ohne dabei den Kontext außer Acht zu lassen.

Sprachtechnologieanwendungen erfüllen hinter den Kulissen wichtige Servicefunktionen.

Dies hängt wiederum mit der Informationsextraktion (IE) zusammen, einem Bereich, der Anfang der 1990er-Jahre, als die Computerlinguistik eine statistische Wende nahm, äußerst populär und einflussreich war. Ziel der IE ist es, bestimmte Informationen in bestimmten Typen von Dokumenten zu identifizieren. Beispielsweise sollen die wichtigsten Akteure bei Unternehmensübernahmen ermittelt werden, über die in Zeitungsartikeln berichtet wurde. Ein weiteres häufiges Szenario, das untersucht wird, sind Berichte zu Terroranschlägen. Die Aufgabenstellung hierbei ist, dass der Text auf eine Vorlage (Template) abgebildet werden muss, die Täter, Ziel, Zeitpunkt, Ort und Folgen des Anschlags beinhalten. Das domänenspezifische Ausfüllen von Vorlagen ist die zentrale Herangehensweise in der IE. Damit wird sie zu einem weiteren Beispiel für eine Technologie, die in einem gut abgegrenzten Forschungsgebiet hinter den Kulissen arbeitet und in der Praxis in eine passende Anwendungsumgebung eingebettet wird.

Textzusammenfassung und **Textgenerierung** sind zwei Bereiche, die entweder in Form von Einzelanwendungen ausgeführt werden oder eine unterstützende Rolle bei anderen Anwendungen spielen. Bei der Zusammenfassung wird versucht, die zentralen Punkte eines langen Textes in Kurzform wiederzugeben. Es ist eine der Funktionen, die Microsoft Word anbietet (allerdings nicht für alle Sprachen). In der Regel werden mithilfe eines statistischen Ansatzes die wichtigen Wörter in einem Text identifiziert (d. h. Wörter, die im fraglichen Text sehr häufig vorkommen, aber seltener im allgemeinen Sprachgebrauch). Dann wird bestimmt, welche Sätze die meisten dieser wichtigen Wörter enthalten. Diese Sätze werden dann extrahiert und zusammengefügt und bilden so die Zusammenfassung. In diesem sehr gängigen Szenario aus dem gewerblichen Bereich ist die Zusammenfassung einfach eine Form der Textextraktion, bei der der Text auf eine Teilmenge seiner Sätze zusammengeschrumpft wird. Ein alternativer Ansatz, zu dem einiges an Forschungsarbeit betrieben wurde, ist die Generierung neuer Sätze, die im Ausgangstext nicht zu finden sind. Dies erfordert ein tieferes Verständnis des Textes, was bedeutet, dass dieser Ansatz bisher noch nicht robust arbeitet. Insgesamt gesehen kommt ein Textgenerator kaum als Einzelanwendung zum Einsatz. Vielmehr ist er in eine größere Softwareumgebung eingebettet, z. B. in ein Klinikinformationssystem, das Patientendaten sammelt, speichert und verarbeitet. Die Erstellung von Berichten ist nur eine von vielen Anwendungen für die Textzusammenfassung.

Für das Deutsche sind fast alle Texttechnologien weniger entwickelt als für das Englische.

Für die deutsche Sprache ist die Forschung in der Texttechnologie weniger entwickelt als für die englische Sprache. Fragenbeantwortung, Informationsextraktion und Zusammenfassung standen seit den 1990er-Jahren im Fokus zahlreicher offener Wettbewerbe in den USA, die vor allem von den staatlich geförderten Organisationen DARPA und NIST organisiert wurden. Durch diese Wettbewerbe konnte der Stand der Technik beträchtlich verbessert werden, ihr Fokus lag jedoch meist auf der englischen Sprache, so dass für das Deutsche kaum annotierte Korpora oder andere benötigte Ressourcen existieren. Wenn Zusammenfassungssysteme auf rein statistischen Methoden basieren, sind sie weitgehend sprachunabhängig; es stehen in diesem Bereich eine Reihe von Forschungsprototypen zur Verfügung, die aber für den Einsatz in neuen Sprachen annotierte Trainingskorpora benötigen. Für die Textgenerierung waren wiederverwendbare Komponenten bisher auf Oberflächenrealisierungsmodelle (Grammatikgenerierung) begrenzt. Fast die gesamte hierfür zur Verfügung stehende Software ist auf die englische Sprache ausgerichtet. Es gibt jedoch einen auf Semantik basierenden mehrsprachigen Generator sowie einen auf vorgefertigten Satzschablonen, sogannten Templates, basierenden Generator für das Deutsche. Diese stammen aber aus den 1990er-Jahren und wurden noch nicht auf heutige Softwareumgebungen portiert.

4.4 STUDIENGÄNGE UND BILDUNGSPROGRAMME

Sprachtechnologie ist ein sehr interdisziplinäres Feld, in dem neben transdisziplinär ausgebildeteten Computerlinguisten auch Informatiker, Linguisten, Mathematiker, Philosophen und Psychologen arbeiten. Aus diesem Grund konnte es sich im deutschen Fakultätensystem bisher als eigenständiges Fach noch nicht überall durchsetzen. Einige Universitäten haben ein eigenes Institut für Computerlinguistik (CL) eingerichtet, die aber mitunter anders bezeichnet werden (z. B. Stuttgart und Tübingen). Andere Universitäten bieten CL-Programme an den Fakultäten für Informatik (Leipzig und Hamburg) oder Linguistik (Bochum und Jena) an. Einige Universitäten unterhalten ausschließlich Master-Studiengänge (Gießen), Bachelor-Studiengänge (Erlangen-Nürnberg, Göttingen, München, Potsdam und Trier) oder Sprachtechnologiemodule für Studenten aus anderen Fächern (Hildesheim). Viele dieser Programme und Studiengänge wurden erst vor kurzem eingeführt. An mindestens 17 deutschen Universitäten können derzeit Vorlesungen im Bereich der Sprachtechnologie besucht werden. In der Schweiz werden Studiengänge von den Universitäten in Zürich und Genf angeboten. In Österreich gibt es keinen CL-Studiengang. Einzelne Computerlinguistik- und Sprachtechnologie-Seminare werden jedoch im Rahmen anderer Fächer in Wien und Klagenfurt angeboten.

Das deutsche Statistische Bundesamt führt seit dem Wintersemester 1992/1993 Statistiken zu Computerlinguistik als Studiengang an deutschen Universitäten. Das Studienfach hat seit dieser Zeit zunehmend an Beliebtheit gewonnen. Seit 2000 ziehen die Programme jährlich rund 250–350 neue Studenten an, die sich für Computerlinguistik als Hauptstudiengang einschreiben [32]. Die verhältnismäßig geringe Zahl an Absolventen von deutschsprachigen Universitäten kann dem ständig steigenden Bedarf an qualifiziertem Personal jedoch nicht gerecht werden. Oft müssen Unternehmen und Forschungsinstitute wie das Deutsche Forschungszentrum für künstliche Intelligenz (DFKI) und das Österreichische Forschungszentrum für künstliche Intelligenz (ÖFAI) ausländische Fachleute hinzuziehen.

4.5 NATIONALE PROJEKTE UND INITIATIVEN

Dass die Sprachtechnologie in Deutschland verhältnismäßig lebendig ist, kann auf die Forschungsförderung in den vergangenen 20 bis 30 Jahren zurückgeführt werden. Den Grundstein legte der von der Deutschen Forschungsgemeinschaft (DFG) geförderte Sonderforschungsbereich 100 "Elektronische Sprachforschung" (1973–1986). Eines der ersten europäischen Projekte war EUROTRA, ein ehrgeiziges Projekt zur maschinellen Übersetzung, das von der Europäischen Kommission von den späten 1970er-Jahren bis 1994 gefördert wurde. EUROTRA verfehlte zwar das gesetzte Ziel des Aufbaus eines modernen Übersetzungssystems, hatte aber langfristige Auswirkungen auf die gesamte europäische Sprachtechnologie.

Das IBM-Projekt LILOG (1985–1991) beinhaltete die Implementierung einer Informationsdatenbank in deutscher Sprache. Rund 200 Wissenschaftler waren daran beteiligt, die in Deutschland in den Bereichen Computerlinguistik, sprachverstehende Systeme und künstliche Intelligenz arbeiteten. Der Erfolg von LILOG zeigte, dass ein Kooperationsprojekt zwischen Universitäten und der Industrie nicht nur nützliche Ergebnisse für die Grundlagenforschung, sondern auch Methoden und Tools für die praktische Anwendung hervorbringen kann.

Das Projekt VERBMOBIL untersuchte einen eher datengetriebenen Ansatz und folgte damit einem starken Umdenken im Übersetzungsbereich, weg von regelbasierten Ansätzen. Ziel dieses umfangreichen nationalen Projektes war es, Sprache in Echtzeit zwischen Deutsch, Japanisch und Englisch zu übersetzen. Es wurde vom Bundesministerium für Bildung und Forschung (BMBF) von 1993 bis 2000 finanziell unterstützt. Der daraus entstandene Prototyp VERBMOBIL konnte sich zwar nicht auf dem Markt etablieren, doch sind daraus zahlreiche Spin-Off-Innovationen entstanden. Der in VERBMOBIL entwickelte statistische Übersetzungsansatz liegt heute dem Google-Übersetzungssystem Google Translate zu Grunde, das im Web zur Verfügung steht.

Nationale Projekte mit Fokus auf der Auszeichnung und Annotation von Sprachressourcen wurden in den 1990er- und frühen 2000er-Jahren gefördert. Dies führte zur Entwicklung des Stuttgart-Tübingen Tagsets (STTS), das einen dauerhaften Einfluss auf die Annotation von Sprachkorpora hatte. Zwei weitere Projekte, NEGRA und TIGER, in denen die größten Baumbanken des Deutschen entstanden, wurden von der DFG mitfinanziert. Die von diesen Projekten vorgeschlagenen Annotationsschemata stellen mittlerweile De-facto-Standards dar und bilden heute die Grundlage für die internationale Standardisierung syntaktischer Annotationen.

COLLATE, von 2000 bis 2006 vom BMBF gefördert, war eines der ersten Projekte, das sich um die Infrastruktur für die Sprachtechnologieforschung kümmerte und in diesem Rahmen u. a. das Fachinformationsportal LT-World schuf [26]. Am laufenden europäischen Projekt CLARIN sind viele deutsche und österreichische Institutionen beteiligt. Weitere aktuelle Projekte sind u. a. EUROPEANA und THESEUS, ein vom Bundesministerium für Wirtschaft und Technologie (BMWi) mitfinanziertes Projekt, das sich der Entwicklung der grundlegenden Technologien und Standards widmet, die notwendig sind, um künftig Wissen im Internet auf breiterer Ebene zur Verfügung zu stellen.

In Österreich hat die Medizinische Universität in Wien im Rahmen des Projekts VIE-LANG ein Sprachdialogsystem auf Deutsch entwickelt. Die Fakultät für Computerwissenschaften an der Universität in Wien führt das Projekt JETCAT für Übersetzungen zwischen Japanisch und Englisch aus. Im Rahmen eines fortlaufenden Projekts wird seit 2001 das Österreichische Akademische Korpus zusammengestellt. In Österreich gibt es keine speziellen sprachtechnologischen Programme. Themen im Zusammenhang mit Sprachtechnologie werden in der Regel aus Forschungsprogrammen mit offenen Themen finanziert, insbesondere solchen, die sich auf den Wissenstransfer zwischen akademischer Forschung und Industrie konzentrieren (insbesondere durch KMUs). Einige dieser Programme werden von der Österreichischen Forschungsförderungsgesellschaft (FFG) getragen. Der Wiener Wissenschafts- und Technologiefond (WWTF) unterstützt lokalisierte Sprachtechnologie in hohem Maße, insbesondere für Themen rund um Wien, z. B. die Synthetisierung des Wiener Dialekts (oder Soziolekts) und der Aufbau von Systemen für die Übersetzungen von österreichischem Deutsch ins Wienerische und andere Dialekte.

In der Schweiz nahm das Interesse an Sprachtechnologie in den 1980er-Jahren mit einer intensiven Beteiligung am Projekt EUROTRA seinen Anfang. Derzeit sind die Universitäten in Zürich und Genf an verschiedenen Projekten im Bereich MT beteiligt, darunter MT zwischen Hochdeutsch und Schweizerdeutsch [33]. Projekte zum Korpusaufbau umfassen die Sammlung von Sprachkorpora durch den Nationalen Forschungsschwerpunkt „Interaktives multimodales Informationsmanagement" sowie ein Projekt, das SMS-Textnachrichten auf Schweizerdeutsch erfasst [34]. Als Schweizer Forschungsinstitut in diesem Bereich ist IDIAP zu nennen. Allgemein lässt sich sagen, dass die Schweiz einen kleinen Sprachtechnologie-Sektor besitzt, vor allem wegen der begrenzten Förderungsmöglichkeiten. Auf EU-Mittel kann nicht immer zugegriffen werden, und für Schweizer KMUs gilt diese Fördermöglichkeit oft als unattraktiv. Die Kommission für Technologie und Innovation (KTI) bietet hervorragende unbürokratische Unterstützung für kurz- und mittelfristige Projekte und unterstützt auch die Entwicklung von Start-up-Unternehmen. Startups im Bereich der Sprachtechnologie sind aufgrund mangelnden Know-hows in diesem Bereich jedoch selten.

Die bisher durchgeführten Projekte haben zur Entwicklung weitreichender Kompetenz im Bereich der Sprachtechnologie geführt und eine Reihe von sprachtechnologischen Tools und Ressourcen für die deutsche Sprache geschaffen. Die Förderung angewandter Forschung in diesem Bereich ist jedoch stark zurückgegangen, so dass es der Förderung nun an Kontinuität mangelt. Im Vergleich zu den USA stehen derzeit in Deutschland für sprachtechnologische Projekte nur wenig öffentliche Mittel zur Verfügung [35]. In einer Zeit, in der durch Google Search, Google Translate, Autonomy, IBM Watson und Siri Nachweise für die Leistungsfähigkeit von Sprachtechnologie erbracht werden und in der die Forschungsergebnisse der nächsten Jahre darüber entscheiden werden, welche Mitspieler und Regionen an der nächsten Revolution in der IT teilhaben werden, läuft der deutschsprachige Raum Gefahr, seine ausgezeichnete Position in diesem Wettbewerb zu verlieren.

4.6 VERFÜGBARKEIT VON TOOLS UND RESSOURCEN

In der folgenden Tabelle wird der aktuelle Stand der Sprachtechnologieunterstützung für die deutsche Sprache zusammengefasst (Abbildung 9). Die Bewertung der bestehenden Tools und Ressourcen wurde von führenden Experten in diesem Bereich vorgenommen. Diese lieferten Einschätzungen für sieben Kriterien an-

	Quantität	Verfügbarkeit	Qualität	Abdeckung	Ausgereiftheit	Nachhaltigkeit	Adaptierbarkeit
Sprachtechnologie: Werkzeuge, Technologien und Anwendungen							
Spracherkennung	5	1	5	5	4	3	3
Sprachsynthese	5	3	5	5	4	3	3
Grammatikanalyse	4	2.5	4	4	4	2.5	2.5
Semantische Analyse	2	2	3.5	2.5	2	2	1
Textgenerierung	2	1	2.5	2.5	2	1	2
Maschinelle Übersetzung	5	3	2.5	3.5	4	1	2
Sprachressourcen: Ressourcen, Daten und Wissensbanken							
Textkorpora	3	2	4.5	3.5	4	4	2.5
Sprachkorpora	3	1	3.5	2.5	3	3	2
Parallele Korpora	2	1	2.5	2.5	2	2	1
Lexikalische Ressourcen	3	2.5	4.5	3	4	4	2.5
Grammatiken	3	2	3.5	3.5	3	2	1

9: Stand der Sprachtechnologieunterstützung für das Deutsche

hand einer Skala von 0 (sehr gering) bis 6 (sehr hoch). Die wichtigsten Ergebnisse für die deutsche Sprache lassen sich wie folgt zusammenfassen:

- Die Spracherkennung und -synthese konnte bereits erfolgreich in zahlreiche Alltagsanwendungen integriert werden, von Dialogsystemen und sprachbasierten Schnittstellen bis hin zu Mobiltelefonen und Kfz-Navigationssystemen.
- Die Forschung hat zur erfolgreichen Entwicklung von Software von mittlerer bis hoher Qualität für die grundlegende Textanalyse geführt, z. B. Tools für die morphologische Analyse und syntaktisches Parsing. Technologien zur Textinterpretation, die eine tiefgreifende linguistische Verarbeitung und semantisches Wissen erfordern, stecken jedoch noch in den Kinderschuhen.
- Was die Ressourcen anbelangt, existiert für das Deutsche ein großes Referenztextkorpus mit einer durchdachten Mischung an Genres. Der Zugriff darauf ist jedoch schwierig und kostspielig. Es gibt eine Reihe von Korpora mit syntaktischem, semantischem und Diskursstruktur-Markup, aber auch hier gibt es nicht annähernd genug Material, um dem wachsenden Bedarf an tiefen linguistischen und semantischen Verfahren nachzukommen.
- Insbesondere mangelt es an parallelen Korpora, die die Grundlage für statistische und hybride Ansätze bei der maschinellen Übersetzung bilden. Derzeit funktioniert die Übersetzung von Deutsch nach Englisch am besten, da für dieses Sprachenpaar viele parallele Texte zur Verfügung stehen.

- Viele Tools, Ressourcen und Datenformate entsprechen nicht den Industriestandards und können nicht effektiv gepflegt werden. Dringend wird ein konzertiertes Programm zur Standardisierung von Datenformaten und APIs benötigt.
- Eine unklare Rechtslage setzt der Nutzung digitaler Texte, wie etwa den online von Zeitungen veröffentlichen Texten, für empirische Forschung im Bereich Linguistik und Sprachtechnologie Schranken, was z. B. deren Einsatz beim Trainieren statistischer Sprachmodelle angeht. Politiker, Entscheidungsträger und Forscher sollten gemeinsam versuchen, Gesetze oder Verordnungen auf den Weg zu bringen, die es ermöglichen, öffentlich verfügbare Texte für Forschungs- und Entwicklungsaktivitäten im Zusammenhang mit Sprache zu nutzen.
- Die Kooperation zwischen der Sprachtechnologie-Gemeinschaft und der Semantic-Web-Gemeinschaft, sowie der eng damit in Verbindung stehenden Bewegung für Linked Open Data (frei verfügbare, vernetzte Daten) sollte intensiviert werden. Ziel ist es dabei, eine kollaborativ verwaltete, maschinenlesbare Wissensdatenbank einzurichten, die sowohl in webbasierten Informationssystemen als auch als semantische Wissensdatenbank in sprachtechnologischen Anwendungen genutzt werden kann – idealerweise sollte dieses Bestreben mehrsprachig auf europäischer Ebene in Angriff genommen werden.

Zusammenfassend lässt sich sagen, dass in einer Reihe von Spezialgebieten der deutschen Sprachtechnologieforschung heutzutage Software zur Verfügung steht, die jedoch nur begrenzte Funktionalität besitzt. Weitere Forschungsaktivitäten sind klar erforderlich, damit dem derzeitigen Defizit bei der semantischen Textverarbeitung begegnet und der Mangel an Ressourcen wie Parallelkorpora für die maschinelle Übersetzung beseitigt werden kann.

4.7 SPRACHÜBERGREIFENDER VERGLEICH

Der aktuelle Stand der Unterstützung durch Sprachtechnologie variiert stark von einer Sprache zur anderen. Um zu vergleichen, wie es um die verschiedenen Sprachen steht, liefert dieser Abschnitt eine Auswertung, die auf zwei beispielhaften Anwendungsbereichen (maschinelle Übersetzung und Verarbeitung gesprochener Sprache), einer zugrunde liegenden Technologie (Textanalyse) und den für den Aufbau von sprachtechnologischen Anwendungen notwendigen, grundlegenden Ressourcen mit Sprachdaten basiert. Die Sprachen wurden anhand einer Fünf-Punkte-Skala eingeordnet:

1. Exzellente Unterstützung
2. Gute Unterstützung
3. Mittlere Unterstützung
4. Teilweise Unterstützung
5. Kaum oder nicht vorhandene Unterstützung

Die Bewertung innerhalb der zwei oben genannten Anwendungsbereiche sowie für die Textanalyse und die Situation bei den Ressourcen erfolgte anhand der folgenden Kriterien:

Verarbeitung gesprochener Sprache: Qualität existierender Spracherkennungstechnologien, Qualität existierender Sprachsynthesetechnologien, Abdeckung von Domänen, Anzahl und Größe von existierenden Sprachkorpora, Anzahl und Varianz von verfügbaren sprachbasierten Anwendungen.

Maschinelle Übersetzung: Qualität existierender MT-Technologien, Anzahl abgedeckter Sprachpaare, Abdeckung von linguistischen Phänomenen und Domänenn, Qualität und Größe existierender paralleler Korpora, Anzahl und Varianz von verfügbaren MT-Anwendungen.

Textanalyse: Qualität und Abdeckungsgrad von existierenden Technologien zur Textanalyse (Morphologie, Syntax, Semantik), Abdeckung von sprachlichen Phänomenen und Domänen, Anzahl und Varianz von verfügbaren Anwendungen, Qualität und Größe von existierenden (annotierten) Textkorpora, Qualität und Abdeckung von existierenden lexikalischen Ressourcen (z. B. WordNet) und Grammatiken.

Ressourcen: Qualität und Größe von existierenden Textkorpora, Korpora gesprochener Sprache und parallele Korpora, Qualität und Abdeckungsgrad existierender lexikalischer Ressourcen und Grammatiken.

Die Abbildungen 10 bis 13 (Seite 36 und 37) zeigen, dass die deutsche Sprache dank der umfangreichen Fördermittel für Sprachtechnologie in den vergangenen Jahrzehnten besser ausgerüstet ist als die meisten anderen Sprachen. Mit Sprachen, die von in etwa der gleichen Anzahl an Menschen gesprochen werden, wie Französisch, kann das Deutsche trotz seiner komplizierteren Strukturen gut mithalten. Sprachtechnologische Ressourcen und Tools für Deutsch erreichen jedoch eindeutig nicht die Qualität und Abdeckung vergleichbarer Ressourcen und Tools für die englische Sprache, die in fast allen sprachtechnologischen Bereichen führend ist. Und selbst die Ressourcen für die englische Sprache weisen im Hinblick auf hochwertige Anwendungen nach wie vor zahlreiche Lücken auf.

Aktuelle Technologien für die Verarbeitung gesprochener Sprache lassen sich recht gut in eine Reihe industrieller Anwendungen wie Systeme für gesprochenen Dialog und Diktiersysteme integrieren. Die Textanalysekomponenten und Sprachressourcen von heute decken bereits die linguistischen Phänomene des Deutschen zu einem gewissen Grad ab und bilden einen Teil zahlreicher Anwendungen, die meist eine oberflächliche Verarbeitung natürlicher Sprache beinhalten, z. B. Rechtschreibkorrektur und Autoren-Unterstützung.

Für die Schaffung ausgefeilterer Anwendungen wie maschinelle Übersetzung besteht jedoch deutlicher Bedarf an Ressourcen und Technologien, die mehr linguistische Aspekte abdecken und eine tiefe semantische Analyse des eingegebenen Textes ermöglichen. Nur wenn die Qualität und Abdeckung dieser grundlegenden Ressourcen und Technologien verbessert wird, eröffnen sich neue Chancen für die zahlreichen erweiterten Anwendungsbereiche.

4.8 SCHLUSSFOLGERUNGEN

In dieser Weißbuch-Serie haben wir mit der Bewertung der Sprachtechnologieunterstützung für 30 europäische Sprachen und mit einem überblicksartigen, sprachübergreifenden Vergleich einen wichtigen Beitrag geleistet: Basierend auf den identifizierten Forschungslücken, Anforderungen und Defiziten können die europäische Sprachtechnologiegemeinschaft und weitere Interessengruppen nun ein groß angelegtes Forschungs- und Entwicklungsprogramm konzipieren, das die Grundlage eines technologisch aufgewerteten, wirklich mehrsprachigen Europas bilden wird.

Die Ergebnisse unserer Weißbuch-Serie zeigen, dass dramatische Unterschiede hinsichtlich der Technologieunterstützung zwischen den europäischen Sprachen existieren. Für einige Sprachen und Anwendungsbereiche stehen Software und Ressourcen zur Verfügung, bei anderen wiederum, vor allem den kleineren Sprachen, bestehen erhebliche Lücken. Vielen Sprachen mangelt es an Basistechnologien für die Textanalyse sowie an ausreichenden Ressourcen. Anderen stehen zwar grundlegende Tools und Ressourcen zur Verfügung, aber fortgeschrittene Verfahren, z. B. im Bereich der Semantik, sind in weiter Ferne. Deshalb bedarf es eines erheblichen Einsatzes, um das ambitionierte Ziel hochwertiger Sprachtechnologieunterstützung *für alle Sprachen* zu erreichen. Eine Schlüsselposition nimmt hierbei qualitativ hochwertige maschinelle Übersetzung ein.

In Bezug auf das Deutsche können wir hinsichtlich der derzeitigen Unterstützung durch Sprachtechnologie vorsichtig optimistisch sein. In Deutschland, Österreich und der Schweiz gibt es in der Sprachtechnologie eine leistungsfähige Forschungsszene, die in der Vergangenheit durch Forschungsprogramme unterstützt wurde. Viele Projekte wurden in Kooperation mit der Industrie durchgeführt, z. B. mit Philips und IBM. Daimler hat Sprachtechnologie ins Fahrzeug gebracht. Für das Hochdeutsche wurde eine Reihe umfassender Ressourcen und moderner Technologien entwickelt. Der Umfang der Ressourcen und das Angebot an Tools sind jedoch im Vergleich zum Englischen noch sehr begrenzt und reichen hinsichtlich Qualität und Quantität noch lange nicht aus, um eine wirklich mehrsprachige Wissensgesellschaft technologisch zu unterstützen.

Auch können wir die bereits für die englische Sprache entwickelten und optimierten Technologien nicht einfach übertragen und für die deutsche Sprache verwenden. Für das Englische entwickelte Algorithmen und Verfahren zur syntaktischen und grammatikalischen Analyse der Satzstruktur funktionieren z. B. bei deutschen Texten aufgrund der besonderen Merkmale der deutschen Sprache bei weitem nicht so gut.

Die deutsche Sprachtechnologiebranche ist derzeit fragmentiert und nicht gut organisiert. Die meisten großen Unternehmen haben ihre Aktivitäten im Bereich Sprachtechnologie entweder ganz eingestellt oder stark reduziert und das Feld einer Reihe spezialisierter KMUs überlassen, die nicht in der Lage sind, dem Binnen- oder gar Weltmarkt mit einer nachhaltigen Strategie zu begegnen.

Schließlich fehlt es an Kontinuität bei der Förderung von Forschung und Entwicklung. Auf kurzfristige Förderprogramme folgen oft Perioden, in denen nur spärliche oder überhaupt keine Fördermittel zur Verfügung stehen. Seit VERBMOBIL hat es in Deutschland keine nennenswerte Förderanstrengung mehr gegeben – auch Programme wie THESEUS streifen Sprachtechnologie nur am Rande. Durch eine Verlagerung auf EU-Förderung ist es insbesondere für kleine und mittelständische Unternehmen noch schwieriger geworden, Fördermittel einzuwerben.

Auf der Grundlage unserer Ergebnisse gelangen wir zu dem Schluss, dass in Zukunft durch eine substantielle Anstrengung sprachtechnologische Ressourcen für das Deutsche geschaffen werden müssen und dass zugleich weiter an innovativen Methoden und Verfahren geforscht werden muss. Nur auf diese Weise können Forschung, Entwicklung und Innovationen vorangetrieben werden. Aufgrund des Bedarfs an sehr großen Datenmengen und der extremen Komplexität sprachtechnologischer Systeme ist es wichtig, eine Infrastruktur zu entwickeln und eine kohärentere Forschungsorganisation zu schaffen, um Austausch und Zusammenarbeit zu fördern.

Das langfristige Ziel von META-NET ist es, den Aufbau hochwertiger und innovativer Sprachtechnologie für alle Sprachen zu ermöglichen. Dies erfordert eine Bündelung der Kräfte aller Interessengruppen – in Politik, Forschung, Wirtschaft und Gesellschaft. Diese Technologie wird helfen, bestehende Schranken einzureißen und Brücken zwischen den Sprachen und somit den Ländern und Kulturen Europas zu bauen.

Exzellente Unterstützung	Gute Unterstützung	Mittlere Unterstützung	Teilweise Unterstützung	Kaum/keine Unterstützung
	Englisch	**Deutsch**	Baskisch	Isländisch
		Finnisch	Bulgarisch	Kroatisch
		Französisch	Dänisch	Lettisch
		Italienisch	Estnisch	Litauisch
		Niederländisch	Galizisch	Maltesisch
		Portugiesisch	Griechisch	Rumänisch
		Spanisch	Irisch	
		Tschechisch	Katalanisch	
			Norwegisch	
			Polnisch	
			Schwedisch	
			Serbisch	
			Slowakisch	
			Slowenisch	
			Ungarisch	

10: Verarbeitung gesprochener Sprache: Stand der Unterstützung für 30 europäische Sprachen

Exzellente Unterstützung	Gute Unterstützung	Mittlere Unterstützung	Teilweise Unterstützung	Kaum/keine Unterstützung
	Englisch	Französisch	**Deutsch**	Baskisch
		Spanisch	Italienisch	Bulgarisch
			Katalanisch	Dänisch
			Niederländisch	Estnisch
			Polnisch	Finnisch
			Rumänisch	Galizisch
			Ungarisch	Griechisch
				Irisch
				Isländisch
				Kroatisch
				Lettisch
				Litauisch
				Maltesisch
				Norwegisch
				Portugiesisch
				Schwedisch
				Serbisch
				Slowakisch
				Slowenisch
				Tschechisch

11: Maschinelle Übersetzung: Stand der Unterstützung für 30 europäische Sprachen

Exzellente Unterstützung	Gute Unterstützung	Mittlere Unterstützung	Teilweise Unterstützung	Kaum/keine Unterstützung
	Englisch	**Deutsch**	Baskisch	Estnisch
		Französisch	Bulgarisch	Irisch
		Italienisch	Dänisch	Isländisch
		Niederländisch	Finnisch	Kroatisch
		Spanisch	Galizisch	Lettisch
			Griechisch	Litauisch
			Katalanisch	Maltesisch
			Norwegisch	Serbisch
			Polnisch	
			Portugiesisch	
			Rumänisch	
			Schwedisch	
			Slowakisch	
			Slowenisch	
			Tschechisch	
			Ungarisch	

12: Textanalyse: Stand der Unterstützung für 30 europäische Sprachen

Exzellente Unterstützung	Gute Unterstützung	Mittlere Unterstützung	Teilweise Unterstützung	Kaum/keine Unterstützung
	Englisch	**Deutsch**	Baskisch	Irisch
		Französisch	Bulgarisch	Isländisch
		Italienisch	Dänisch	Lettisch
		Niederländisch	Estnisch	Litauisch
		Polnisch	Finnisch	Maltesisch
		Schwedisch	Galizisch	
		Spanisch	Griechisch	
		Tschechisch	Katalanisch	
		Ungarisch	Kroatisch	
			Norwegisch	
			Portugiesisch	
			Rumänisch	
			Serbisch	
			Slowakisch	
			Slowenisch	

13: Sprach- und Textressourcen: Stand für 30 europäische Sprachen

ÜBER META-NET

META-NET ist ein Spitzenforschungsnetzwerk, das u. a. von der Europäischen Kommission gefördert wird; derzeit umfasst das Netzwerk 54 Forschungszentren in 33 europäischen Ländern [1]. META-NET hat META gegründet, die Multilingual Europe Technology Alliance, einen stetig wachsenden Zusammenschluss von Organisationen, Firmen und Experten im Bereich der Sprachtechnologie. Das Ziel von META-NET ist das technologische Fundament einer mehrsprachigen europäischen Informationsgesellschaft. Dieses Fundament ermöglicht Kommunikation und Kooperation über die Sprachgrenzen hinweg, gleichwertigen Zugriff auf Informationen und Wissen für alle Bürger Europas und Nutzung sowie Weiterentwicklung modernster und bezahlbarer vernetzer Informationstechnologie.

META-NET unterstützt Europa in der Schaffung eines gemeinsamen digitalen Marktes und Informationsraums und fördert multilinguale Technologien für alle europäischen Sprachen. Die Technologien ermöglichen automatische Übersetzung, Inhaltserstellung, Informationsverarbeitung und Wissensverwaltung für eine breite Palette an Anwendungen und Themengebieten. Sie tragen außerdem zur Entwicklung von sprachbasierten Benutzerschnittstellen für Haushaltselektronik, Maschinen, Fahrzeuge, Computer und Roboter bei.

Seit seinem Start am 1. Februar 2010 hat META-NET bereits unterschiedliche Aktivitäten in drei Bereichen durchgeführt: META-VISION, META-SHARE und META-RESEARCH.

META-VISION hat das Ziel, eine schlagkräftige europaweite Sprachtechnologie-Community aufzubauen, die Vertreter aus Forschung, Industrie, Politik, Administration, Presse und Sprachgemeinschaften bündelt. Diese Interessensgemeinschaft ist durch eine gemeinsame Technologievision und Forschungsagenda (SRA) verbunden. Das vorliegende Weißbuch ist Teil einer Reihe mit Büchern für 30 Sprachen. Die gemeinsame Technologievision wurde in drei bereichsspezifischen Fokusgruppen entwickelt; sie wird derzeit in enger Kooperation mit der Community vom eigens für diesen Zweck ins Leben gerufenen META-Technologierat zu einer strategischen Forschungsagenda ausgebaut.

META-SHARE ist eine offene, verteilte Plattform für den Austausch und die gemeinsame Nutzung von Sprachressourcen. Dieses Peer-to-Peer-Netzwerk enthält Sprachdaten, Tools und Webdienste, die mit hochwertigen Metadaten dokumentiert und in standardisierte Kategorien unterteilt sind. Ein einfacher Zugriff und eine einheitliche Suche erleichtern die Nutzung. Viele der verfügbaren Ressourcen sind kostenlos, wie z. B. Open-Source-Tools, aber auch kostenpflichte Materialien werden angeboten.

META-RESEARCH baut Brücken zu benachbarten Forschungsgebieten. Das Ziel ist, Fortschritte in Nachbardisziplinen gewinnbringend zur Verbesserung von Sprachtechnologien einzusetzen. Der Fokus der Arbeit liegt in der Spitzenforschung im Bereich maschineller Übersetzung. Hierzu zählen unter anderem die Sammlung von Daten, die Aufbereitung von Datenquellen und Sprachressourcen für Evaluationszwecke, die Zusammenstellung von Tools und Methoden sowie die Organisation von Workshops und Aus- und Weiterbildungsmaßnahmen.

office@meta-net.eu – http://www.meta-net.eu

1

EXECUTIVE SUMMARY

Information technology changes our everyday lives. We typically use computers for writing, editing, calculating, searching for information, and increasingly for reading, listening to music, viewing photos, and watching movies. We carry small computers in our pockets and use them to make phone calls, write emails, get information, and entertain ourselves, wherever we are. How does this massive digitisation of information, knowledge, and everyday communication affect our language? Will our language change or even disappear?

All our computers are linked together into an increasingly dense and powerful global network. Although the girl in Ipanema, the customs officer in Lindau, and the engineer in Kathmandu can all chat with their friends on Facebook, they are unlikely ever to meet one another in online communities and forums. If they are worried about how to treat an earache, they will all check Wikipedia, but even then they won't read the same article. When Europe's netizens discuss the effects of the Fukushima nuclear accident on European energy policy in forums and chat rooms, they do so in cleanly separated language communities. What the Internet connects is still divided by the languages of its users. Will it always be like this?

Many of the world's 6,000 languages will not survive in a globalized digital information society. It is estimated that at least 2,000 languages are doomed to extinction in the decades ahead. Others will continue to play a role in families and neighbourhoods, but not in the wider business and academic world. What are the German language's chances of survival?

With almost 100 million speakers, the German language is fairly well positioned compared to many languages. There is a large number of public television channels with German-language programmes (23 in Germany, six in Austria, four in Switzerland) and more than 50 private TV broadcasters. Most international movies are still dubbed into German. The book and newspaper market, although often declared moribund, is in fact fairly stable and active: the German book trade association (Börsenverein des Deutschen Buchhandels) has reported annual sales of almost 10 billion Euros over the last few years, with a clear tendency towards online bookselling and e-books. In Austria and Switzerland sales fell slightly. According to the Association of German Magazine Publishers (Verband Deutscher Zeitschriftenverleger), magazine revenues are constant at around €7 billion.

Despite the sharp decline in the international role of the German language, it is still the second most studied foreign language in Europe. Due to the singular history of European integration in the 20th century, Germany and Austria have not yet demanded that the German language be given full recognition by the administration of the European Union, even though it has more than enough speakers to warrant a higher status in the Union's contracts and treaties. However, rather than disadvantaging German-speaking countries, this has led to a significant improvement in the image of German.

There are plenty of complaints in German speaking countries about the ever-increasing use of Anglicisms. Some even fear that the German language will become riddled with English words and expressions but our study suggests that this worry is misguided. The German language has already survived the impact of new words and terms from the two original languages of science, Greek and Latin, as well as the intrusion of French words in the 18th and early 19th centuries. One good antidote to losing our lovely little German words and phrases is to actually use them – frequently and consciously; linguistic polemics about foreign influences and government regulations do not usually help. Our main concern should not be the gradual Anglicisation of our language, but its complete disappearance from major areas of our personal lives. Not in science, aviation, and the global financial markets, which actually need a world-wide lingua franca. Rather we mean the many areas of life in which it is far more important to be close to a country's citizens than to international partners – domestic policies, for example, administrative procedures, the law, culture, and shopping.

The status of a language depends not only on the number of speakers or books, films, and TV stations that use it, but also on the presence of the language in the digital information space and software applications. Here too, the German language is fairly well-placed: all important international software products are available in German versions; the German Wikipedia is the second largest in the world, and with more than 14 million registered domains, the top level domain .de ("Deutschland") is the world's largest country-specific top level domain.

In the field of language technology, German is well equipped with products, technologies, and resources. There are applications and tools for speech synthesis and recognition, spelling correction, and grammar checking. There are also many applications for automatically translating language, even though these often fail to produce linguistically and idiomatically correct translations, especially when German is the target, a problem primarily due to the specific linguistic characteristics of German.

Information and communication technologies are now preparing for the next revolution. After personal computers, networks, miniaturisation, multimedia, mobile devices, and cloud-computing, the next generation of technology will feature software that understands not just spoken or written letters and sounds but entire words and sentences, and supports users far better because it speaks, knows, and understands their language. Forerunners of such developments are the free online service Google Translate that translates between 57 languages, IBM's supercomputer Watson that was able to defeat the US-champion in the game of "Jeopardy", and Apple's mobile assistant Siri for the iPhone that can react to voice commands and answer questions in English, German, French, and Japanese.

The next generation of IT will master human language to such an extent that users will be able to communicate using the technology in their own language. Devices will be able to find the most important news and information automatically from the world's digital knowledge store in reaction to easy-to-use voice commands. Language-enabled technology will be able to translate automatically or assist interpreters, summarise conversations and documents, and support users in learning scenarios. For example, it will help immigrants to learn German and integrate more fully into their countries' culture. The next generation of IT will also enable industrial and service robots to faithfully understand what their users want them to do and then report on their achievements. This level of performance means going far beyond simple character sets and lexicons, spell checkers, and pronunciation rules. The technology must move past simplistic approaches and start modeling language in an all-encompassing way, taking syntax as well as semantics into account to understand the deeper meaning of questions and generate rich and relevant answers.

However, there is a yawning technological gap between English and German, and it is currently getting wider.

After a very successful research record in the 1980s and 1990s, Germany is currently losing its leading role as a language technology champion on par with the English-speaking world. In the major German project Verbmobil, funded by the Federal Ministry of Education and Research and German industry from 1993 to 2000, technologies were developed that now constitute the technological foundation of current machine translation systems, Google Translate included. After Verbmobil, funding for language technology research was significantly cut back because research support policies constantly need novel topics. As a result, Germany (and Europe in general) lost several very promising high-tech innovations to the US, where there is greater continuity in their strategic research planning and more financial backing for bringing new technologies to the market. In the race for technology innovation, an early start with a visionary concept will only ensure a competitive advantage if you can actually make it over the finish line. Otherwise all you get is an honorary mention in Wikipedia.
After this decline in language technology research in the German-speaking world, a considerable number of experts and technologies migrated to the USA to commercialise their products. Some of the spin-offs generated by Verbmobil and other projects from the 1980s and 1990s had already been acquired by US companies. Nevertheless, there is still a very high research potential on this side of the Atlantic. Apart from internationally renowned research centres and universities, there are a number of innovative small and medium-sized language technology companies that manage to survive through sheer creativity and effort, despite the lack of venture capital or sustained public funding.
Although Germany has supported important developments in web and search technology, through the THESEUS programme, for example, technology specifically adapted to German was only marginally involved and most R&D results and prototypes used English. Every international technology competition tends to show that results for the automatic analysis of English are far better than those for German, even though (or precisely because) the methods of analysis are similar, if not identical. This holds true for extracting information from texts, grammar checking, machine translation, as well as a whole range of other applications.
Many researchers reckon that these setbacks are due to the fact that, for fifty years now, the methods and algorithms of computational linguistics and research in language technology applications have, first and foremost, focused on English. In a selection of leading conferences and scientific journals published between 2008 and 2010, there were 971 publications on language technology for English and 90 for German, which at least put it in third place behind the Chinese with 228. Publications for Spanish and French technology trailed behind with 80 and 75 articles respectively.
However, other researchers believe that English is inherently better suited to computer processing. And languages such as Spanish and French are also a lot easier to process than German using current methods. This means that we need a dedicated, consistent, and sustainable research effort if we want to be use the next generation of information and communication technology in those areas of our private and work life where we live, speak, and write German.
Summing up, despite the prophets of doom, the German language is not in danger, even from the prowess of English language computing. However, the whole situation could change dramatically when a new generation of technologies really starts to master human languages effectively. Through improvements in machine translation, language technology will help in overcoming language barriers, but it will only be able to operate between those languages that have managed to survive in the digital world. If there is adequate language technology available, then it will be able to ensure the survival of languages with very small populations of speakers. If not, even 'larger' languages will come under severe pressure.

LANGUAGES AT RISK: A CHALLENGE FOR LANGUAGE TECHNOLOGY

We are witnesses to a digital revolution that is dramatically impacting communication and society. Recent developments in information and communication technology are sometimes compared to Gutenberg's invention of the printing press. What can this analogy tell us about the future of the European information society and our languages in particular?

> The digital revolution is comparable to Gutenberg's invention of the printing press.

After Gutenberg's invention, real breakthroughs in communication were accomplished by efforts such as Luther's translation of the Bible into vernacular language. In subsequent centuries, cultural techniques have been developed to better handle language processing and knowledge exchange:

- the orthographic and grammatical standardisation of major languages enabled the rapid dissemination of new scientific and intellectual ideas;
- the development of official languages made it possible for citizens to communicate within certain (often political) boundaries;
- the teaching and translation of languages enabled exchanges across languages;
- the creation of editorial and bibliographic guidelines assured the quality of printed material;
- the creation of different media like newspapers, radio, television, books, and other formats satisfied different communication needs.

In the past twenty years, information technology has helped to automate and facilitate many processes:

- desktop publishing software has replaced typewriting and typesetting;
- Microsoft PowerPoint has replaced overhead projector transparencies;
- e-mail allows documents to be sent and received more quickly than using a fax machine;
- Skype offers cheap Internet phone calls and hosts virtual meetings;
- audio and video encoding formats make it easy to exchange multimedia content;
- web search engines provide keyword-based access;
- online services like Google Translate produce quick, approximate translations;
- social media platforms such as Facebook, Twitter and Google+ facilitate communication, collaboration, and information sharing.

Although these tools and applications are helpful, they are not yet capable of supporting a fully-sustainable, multilingual European society in which information and goods can flow freely.

2.1 LANGUAGE BORDERS HOLD BACK THE EUROPEAN INFORMATION SOCIETY

We cannot predict exactly what the future information society will look like. However, the revolution in communication technology is bringing people who speak different languages together in new ways. This puts pressure both on individuals to learn new languages and especially on developers to create new technologies to ensure mutual understanding and access to shareable knowledge. In the global economic and information space, there is increasing interaction between different languages, speakers and content thanks to new types of media. The current popularity of social media (Wikipedia, Facebook, Twitter, Google+) is only the tip of the iceberg.

The global economy and information space confronts us with different languages, speakers and content.

Today, we can transmit gigabytes of text around the world in a few seconds before we recognise that it is in a language that we do not understand. According to a report from the European Commission, 57% of Internet users in Europe purchase goods and services in non-native languages; English is the most common foreign language followed by French, German, and Spanish. 55% of users read content in a foreign language while 35% use another language to write e-mails or post comments on the Web [2]. A few years ago, English might have been the lingua franca of the Web – the vast majority of content on the Web was in English – but the situation has now changed drastically. The amount of online content in other European (as well as Asian and Middle Eastern) languages has exploded.

Surprisingly, this ubiquitous digital linguistic divide has not gained much public attention. Yet, it raises a very pressing question: Which European languages will thrive in the networked information and knowledge society, and which are doomed to disappear?

2.2 OUR LANGUAGES AT RISK

While the printing press helped step up the exchange of information in Europe, it also led to the extinction of many languages. Regional and minority languages were rarely printed and languages such as Cornish and Dalmatian were limited to oral forms of transmission, which in turn restricted their scope of use. Will the Internet have the same impact on our modern languages?

The variety of languages in Europe is one of its richest and most important cultural assets.

Europe's approximately 80 languages are one of our richest and most important cultural assets and a vital part of this unique social model [3]. While languages such as English and Spanish are likely to survive in the emerging digital marketplace, many languages could become irrelevant in a networked society. Their obsolesence would weaken Europe's global standing, and run counter to the goal of ensuring equal participation for every citizen regardless of language. According to a UNESCO report on multilingualism, languages are an essential medium for the enjoyment of fundamental rights, such as political expression, education, and participation in society [4].

2.3 LANGUAGE TECHNOLOGY IS A KEY ENABLING TECHNOLOGY

In the past, investments in language preservation focused primarily on language education and translation. According to one estimate, the European market for translation, interpretation, software localisation and website globalisation was €8.4 billion in 2008 and is expected to grow by 10% per annum [5]. Yet this figure covers just a small proportion of current and future needs in communicating between languages. The most compelling solution for ensuring the breadth and depth of language usage in Europe tomorrow is to use appropriate technology, just as we use technology to solve our transport and energy needs, among other requirements. Language technology targeting all forms of written text and spoken discourse can help people to collaborate, conduct business, share knowledge, and participate in social and political debate, regardless of language barriers and computer skills. It already often operates invisibly inside complex software systems to help us today to:

- find information with a search engine;
- check spelling and grammar in a word processor;
- view product recommendations in an online shop;
- follow the spoken directions of a navigation system;
- translate web pages via an online service.

Language technology consists of a number of core applications that enable processes within a larger application framework. The purpose of the META-NET language white papers is to focus on how ready these core enabling technologies are for each European language.

Europe needs robust and affordable language technology for all European languages.

To maintain our position in the frontline of global innovation, Europe will need language technology, tailored to all European languages, that is robust and affordable and can be tightly integrated within key software environments. Without language technology, we will not be able to achieve a really effective interactive, multimedia and multilingual user experience in the near future.

2.4 OPPORTUNITIES FOR LANGUAGE TECHNOLOGY

In the world of print, the technology breakthrough was the rapid duplication of an image of a specific text using a suitably powered printing press. Human beings had to do the hard work of looking up, assessing, translating, and summarising knowledge. We had to wait until Edison to record spoken language – and again his technology simply made analogue copies.

Language technology can now simplify and automate the processes of translation, content production, and knowledge management for all European languages. It can also empower intuitive speech-based interfaces for household electronics, machinery, vehicles, computers, and robots. Real-world commercial and industrial applications are still in the early stages of development, yet R&D achievements are creating a genuine window of opportunity. For example, machine translation is already reasonably accurate in specific domains, and experimental applications provide multilingual information and knowledge management, as well as content production, in many European languages.

As with most technologies, the first language applications, such as voice-based user interfaces and dialogue systems, were developed for specialised domains, and often exhibit limited performance. However, there are huge market opportunities in the education and entertainment industries for integrating language technologies into games, edutainment packages, libraries, simulation environments, and training programmes. Mobile information services, computer-assisted language learning software, eLearning environments, self-assessment tools, and plagiarism detection software are just some of the application areas in which language technology can play an important role. The popularity of social media applications like Twitter and Facebook suggest a need for sophisticated language technologies that can monitor posts, summarise discussions, suggest opinion trends, detect emotional responses, identify copyright infringements, or track misuse.

Language technology helps overcome the "disability" of linguistic diversity.

Language technology represents a tremendous opportunity for the European Union. It can help to address the complex issue of multilingualism in Europe – the fact that different languages coexist naturally in European businesses, organisations and schools. However, citizens need to communicate across the language borders of the European Common Market, and language technology can help overcome this final barrier, while supporting the free and open use of individual languages. Looking even further ahead, innovative European multilingual language technology will provide a benchmark for our global partners when they begin to support their own multilingual communities. Language technology can be seen as a form of "assistive" technology that helps overcome the "disability" of linguistic diversity and makes language communities more accessible to each other. Finally, one active field of research is the use of language technology for rescue operations in disaster areas, where performance can be a matter of life and death: Future intelligent robots with cross-lingual language capabilities have the potential to save lives.

2.5 CHALLENGES FACING LANGUAGE TECHNOLOGY

Although language technology has made considerable progress in the last few years, the current pace of technological progress and product innovation is too slow. Widely-used technologies such as the spelling and grammar correctors in word processors are typically monolingual, and are only available for a handful of languages. Online machine translation services, although useful for quickly generating a reasonable approximation of a document's contents, are fraught with difficulties when highly accurate and complete translations are required. Due to the complexity of human language, modelling our tongues in software and testing them in the real world is a long, costly business that requires sustained funding commitments. Europe must therefore maintain its pioneering role in facing the technological challenges of a multiple-language community by inventing new methods to accelerate development right across the map. These could include both computational advances and techniques such as crowdsourcing.

Technological progress needs to be accelerated.

2.6 LANGUAGE ACQUISITION IN HUMANS AND MACHINES

To illustrate how computers handle language and why it is difficult to program them to process different tongues, let's look briefly at the way humans acquire first and second languages, and then see how language technology systems work.

Humans acquire language skills in two different ways. Babies acquire a language by listening to the real interactions between their parents, siblings and other family members. From the age of about two, children produce their first words and short phrases. This is only possible because humans have a genetic disposition to imitate and then rationalise what they hear.

Learning a second language at an older age requires more cognitive effort, largely because the child is not immersed in a language community of native speakers. At school, foreign languages are usually acquired by learning grammatical structure, vocabulary, and spelling using drills that describe linguistic knowledge in terms of abstract rules, tables, and examples.

Humans acquire language skills in two different ways: learning from examples and learning the underlying language rules.

Moving now to language technology, the two main types of systems acquire language capabilities in a similar manner. Statistical (or data-driven) approaches obtain linguistic knowledge from vast collections of concrete example texts. While it is sufficient to use text in a single language for training, e. g., a spell checker, parallel texts in two (or more) languages have to be available for training a machine translation system. The machine learning algorithm then learns patterns of how words, short phrases, and complete sentences are translated.

This statistical approach usually requires millions of sentences to boost performance quality. This is one reason why search engine providers are eager to collect as much written material as possible. Spelling correction in word processors, and services such as Google Search and Google Translate, all rely on statistical approaches. The great advantage of statistics is that the machine learns quickly in a continuous series of training cycles, even though quality can vary randomly.

The second approach to language technology, and to machine translation in particular, is to build rule-based systems. Experts in the fields of linguistics, computational linguistics and computer science first have to encode grammatical analyses (translation rules) and compile vocabulary lists (lexicons). This task is very time consuming and labour intensive. Some of the leading rule-based machine translation systems have been under constant development for more than 20 years. The great advantage of rule-based systems is that the experts have more detailed control over the language processing. This makes it possible to correct mistakes in the software systematically and give detailed feedback to the user, especially when rule-based systems are used for language learning. However, due to the high cost of this work, rule-based language technology has so far only been developed for a few major languages.

As the strengths and weaknesses of statistical and rule-based systems tend to be complementary, current research focuses on hybrid approaches that combine the two methodologies. However, these approaches have so far been less successful in industrial applications than in the research lab.

As we have seen in this chapter, many applications widely used in today's information society rely heavily on language technology, particularly in Europe's economic and information space. Although this technology has made considerable progress in the last few years, there is still huge potential to improve the quality of language technology systems. In the next section, we describe the role of German in European information society and assess the current state of language technology for the German language.

3

THE GERMAN LANGUAGE IN THE EUROPEAN INFORMATION SOCIETY

3.1 GENERAL FACTS

With about 100 million native speakers, German is the most widely spoken native language in the European Union. It is the commonly used language in Germany, Austria and Liechtenstein, and it is one of the official languages of Switzerland, Luxembourg, and Belgium, where it is used by parts of the population. Around the world, German is spoken by around 30 million non-native speakers [6], and is also the second most studied foreign language in the EU after English [7].

In Germany, the German language is the common spoken and written language as well as the native language of the vast majority of the population. Minority languages in the sense of the European Charter on Regional and Minority Languages include Danish and North Frisian in Schleswig-Holstein; Upper Sorbian in Saxony; Lower Sorbian in Brandenburg; Saterland Frisian in Lower Saxony; and the Romani language of the German Roma, and Sinti throughout the country. Each group represents some tens to hundreds of thousands of speakers [8]. In addition, there are immigrant languages, such as Turkish, which has roughly 3.3 million speakers in Germany. In Austria and Liechtenstein, German is the official language as well as the most common spoken and written language. In Austria, recognised minority languages include Slovene, Croatian (Burgenland-Kroatisch), Slovak, Romani, Hungarian, and Czech. Immigrant languages spoken in Austria are Turkish and the languages of former Yugoslavia (Bosnian, Croatian and Serbian). In Switzerland, German shares its official status with French, Italian, and Romansch. In Belgium, German, Dutch, and French are official languages. In Luxembourg, German, French, and Luxembourgish are official languages. German variants are also spoken by minorities in specific regions of other EU countries, such as France (Alsace and Lorraine), Italy (South Tyrol), and Poland (Silesia).

German is the second most studied foreign language in the EU after English.

German has a large variety of dialects including Bavarian and Swabian. By and large, the dialects have the same grammar, although some exhibit slightly different syntactic constructions. The division of Germany into two countries between 1945 and 1989 is still reflected in some lexical differences, such as, *Plastik* (west) or *Plaste* (east) [plastics]. Austrian German is a variant of German whose lexicon differs from the language used in Germany (see Figure 1).

Lenisation (consonant weakening) is widespread in spoken Austrian German, e. g., there is no pronounced phonemic distinction between *backen* [to bake] and *packen* [to pack] or *Teich* [lake] and *Deich* [dyke]. Unlike in Standard German in Germany, the past tense is rarely used: speakers prefer the perfect tense when referring to past events. Swiss German has borrowed a number of French words such as *Velo* instead of *Fahrrad* for

Austrian German	Standard German (Germany)	English
Sessel	Stuhl	Chair
Fauteuil	Sessel	Arm chair
Trafik	Tabakladen	Tobacconist

1: Differences between Austrian Standard German and Germany Standard German

bicycle. There are also morphological and orthographical variations [9]. For example, *ss* is used instead of *ß* and some words are spelled differently (e. g., *Müesli* instead of *Müsli* for cereal). Multilingualism is a matter of course in Switzerland with its four official languages.

3.2 PARTICULARITIES OF THE GERMAN LANGUAGE

German exhibits a number of specific characteristics that contribute to the richness of the language but can also be a challenge for the computational processing of natural language. For instance, speakers can express the same idea in a wide variety of ways.

Certain linguistic characteristics of German are challenges for computational processing.

Word order is relatively free in German sentences. In English, the sentence *Today the priest wanted to meet the chemist.* can also be expressed in two other ways:

- The priest wanted to meet the chemist today.
- The chemist the priest wanted to meet today.

In German, however, there are at least 14 possible ways to express the same sentence, although some of them would only be used in very specific situations:

- Der Pfarrer wollte heute den Apotheker treffen.
- Heute wollte der Pfarrer den Apotheker treffen.
- Heute wollte den Apotheker der Pfarrer treffen.
- Den Apotheker wollte heute der Pfarrer treffen.
- Den Apotheker wollte der Pfarrer heute treffen.
- Treffen wollte der Pfarrer den Apotheker heute.
- Treffen wollte der Pfarrer heute den Apotheker.
- Treffen wollte heute der Pfarrer den Apotheker.
- Treffen wollte heute den Apotheker der Pfarrer.
- Treffen wollte den Apotheker heute der Pfarrer.
- Treffen wollte den Apotheker der Pfarrer heute.
- Den Apotheker treffen wollte der Pfarrer heute.
- Den Apotheker treffen wollte heute der Pfarrer.
- Heute den Apotheker treffen wollte der Pfarrer.

This does not mean that all possible word orders are grammatically correct, even if the constituents of the sentence are not broken up. For example, there ist no situation in which any of the following sentences would be uttered:

- *Treffen der Pfarrer den Apotheker wollte heute.
- *Wollte treffen heute den Apotheker der Pfarrer.
- *Treffen den Apotheker der Pfarrer wollte heute.

German is very productive when it comes to coining new words due to the compounding system that allows combining words and affixes in a simple way. In theory, this allows for the creation of infinitely long words, where other languages might use a set phrase:

- Gesetz [law; act]
- Förderungsgesetz [assistance act]

- Ausbildungsförderungsgesetz [training assistance act]
- Bundesausbildungsförderungsgesetz [federal training assistance act]

Humans can easily derive the meanings of these neologisms, but machines have difficulty processing them. There are other specific characteristics of the German language that make it hard to process with a computer. One is a tendency to use fairly long, nested sentences. Another is the ability to position separable verb prefixes far away from their associated verb. For example, the verb *vorstellen* can be found in sentences such as:

- Er **stellte** sich, nachdem er mir einen Tee angeboten hatte und wir ins Gespräch gekommen waren, **vor.**
- [He **introduced** himself after he had offered me a cup of tea and we had started a conversation.]

The meaning of verbs that can "take" different prefixes, such as *vor, ein* or *aus*, is often confusing for German language learners. For example: the verb *stellen* [to put] changes its meaning in *vorstellen* [imagine or introduce], *einstellen* [hire, discontinue or regulate], or *ausstellen* [exhibit, switch off or issue].

Separable verb prefixes can be positioned far away from their associated verb.

3.3 RECENT DEVELOPMENTS

Starting in the 1950s, American television series and movies began to dominate the German market. Although foreign films and series are usually dubbed into German (unlike countries such as Sweden and Poland), the strong presence of the American way of life in the media had an influence on popular German culture and language. Due to the continuing triumph of English and American music since the 1960s, generations of Germans have been widely exposed to English during their adolescence. English soon acquired the status of a fashionable language, and this continues today.

The continued popularity of English is reflected in the sheer number of loan words from the English language (Anglicisms). A systematic investigation of neologisms in German newspapers since 2000 revealed that about one third of the neologisms are complete or partial Anglicisms [10]. In most cases the words fill a vocabulary gap – they complement native German words rather than compete with them. However, Anglicisms have started to replace existing German vocabulary in some areas. The use of English titles in job advertisements is one example, especially for executive positions (e. g., *Human Resource Manager* instead of *Personalleiter*). Product advertisements also have a strong tendency to overuse Anglicisms. In 2003, Endmark conducted a study of the use of English advertising slogans by German companies. The study revealed that almost all of the 12 slogans investigated were misunderstood by more than half of the respondents; as a result the companies replaced them with German equivalents. This example demonstrates how important it is to raise awareness about the risk of excluding large parts of the population from participating fully in the information society, especially those who are less familiar with English.

3.4 OFFICIAL LANGUAGE PROTECTION IN GERMANY

Germany has no institutional body responsible for developing or implementing a policy to protect the German language. However, there are a number of non-governmental, publicly-funded organisations that play an active role in the promotion of the German language. The Goethe Institute works in partnership with the Federal Foreign Office, offering German language courses all over the world to strengthen the international standing of the German language. Other organisations that raise awareness about the German language and promote German language culture include the German Academy for Language and Literature (DASD) and the Society for the German Language (GfDS), which has been charged by the German Bundestag [Federal Parliament] with controlling the language of legislative texts. The Institute for the German Language (IDS) is the central research centre for German.

In addition, individual authors contribute to linguistic awareness by discussing undesirable developments such as the widespread use of incorrect apostrophes (*Maria's Haus* instead of the correct *Marias Haus*), business jargon, and neologisms. The best-known author of this type is Bastian Sick [11] and his magazine column *Zwiebelfisch* [12]. Private initiatives usually target Anglicisms: the Verein Deutsche Sprache (VDS) initiative annually awards its *Kulturpreis Deutsche Sprache* [cultural prize for the German language] for creative contributions to the development of the German language. (In 2011, Udo Lindenberg, a German singer, won the award.) The *Aktion lebendiges Deutsch* [action for lively German] campaign regularly organises contests to Germanise egregious Anglicisms.

Germany does not have a language academy that advises on preferred language usage like the Académie Française in France and the Academía Real in Spain. The Duden dictionary used to be a prescriptive source for German spelling and grammar, but it now takes a more descriptive approach [13].

Austria, Germany, Liechtenstein and Switzerland agreed on a spelling reform in 2006.

Political measures to influence or modify the German language are rare. After ten years' of discussion, Austria, Germany, Liechtenstein, and Switzerland agreed on a spelling reform in 2006. The original reform was modified and weakened, and it gave writers more freedom. The new spelling conventions were not accepted universally; many large newspapers and publishers use a mixture of old and new spelling conventions.

There are almost no measures designed to protect the official status of the German language. In December 2008, several politicians and private associations (most notably the VDS) called for an amendment to the constitution that would make German the official language of the Federal Republic of Germany, similar to Austria ans Swiss. This was rejected by the German Bundestag but is still a hot topic. In 2004, the government considered but failed to introduce a quota for radio stations (like that found in France) on how much music must be sung in German.

The above examples illustrate the disadvantageous situation of the German language when compared, for example, to French, which gets strong financial backing from the global community of French speakers (*Francophonie*). The comparably low level of cultural identity associated with the contemporary German language certainly encourages an attitude of tolerance and openness towards cultural diversity, but it can also pose a threat to maintaining a certain standard of expressivity for German.

3.5 LANGUAGE IN EDUCATION

The first study published by the OECD Programme for International Student Assessment (PISA) in 2000 revealed that German students had below average reading literacy. Students from immigrant families had particularly poor results. The ensuing debate increased public awareness about the importance of language learning, especially for integrating immigrants socially. Using the recommendations of the OECD, Germany has adopted several laws on early language training in the last decade. One example is the *Gesetz zur vorschulis-*

chen Sprachförderung [Law for the Promotion of Pre-School Language Learning], which came into effect in April 2008 in Berlin, a city with a very high number of children whose native language is not German. This means more than 90% of the children in some parts of the Berlin Neukölln district. The law introduces a compulsory German test for children who did not attend kindergarten before enrolling in school, and provides enhanced language training for those that have insufficient German language skills. Measures such as the language law in Berlin have been successful. The 2009 PISA study showed that reading literacy among Germans had significantly improved since 2000, in particular for children from immigrant families. However, there are still major differences in language skills between students with and without a native-language background when compared to other countries with a similar situation. The differences are particularly salient in Austria, which is among the three OECD countries that show the widest gap between native and immigrant skills in reading literacy among young people [14].

The use of the German language has become critical to immigration policy in Germany. The law on controlling and limiting immigration as well as regulating the residence and integration of migrants that came into force in 2005 puts a special emphasis on the need to learn German in integration classes. These classes include 600 hours of language teaching plus a 30-hour introduction to German history, culture, and law. Immigrants who do not participate in these integration classes may have their state benefits reduced, or encounter difficulties when they renew their residence permits. Participation in the classes is also a prerequisite for obtaining permanent residency in Germany.

Language skills are a key qualification for education and personal as well as professional communication. Yet, German plays a relatively minor role as a school subject in secondary education. According to OECD figures published in 2003, German language instruction forms about 20% of the curriculum for nine-to eleven-year-old pupils, compared with almost 33% native language instruction in France, Greece, and the Netherlands [15].

German plays a relatively minor role as a school subject in secondary education.

Increasing the amount of German language instruction in schools is one possible step towards providing students with the language skills they require for active participation in society. Language technology can make an important contribution in this respect by offering computer-assisted language learning (CALL) systems that allow students to experience language in an attractive way, e. g., by linking vocabulary in digital texts to definitions or to audio or video files that supply additional information such as pronunciation.

3.6 INTERNATIONAL ASPECTS

Germany is often referred to as the land of *Dichter und Denker* [poets and thinkers] due to its immense contributions to literature, philosophy, and science. The works of authors such as Goethe, Kafka, and Hesse have gained international fame; the philosophical ideas of Kant, Hegel, Marx, and Nietzsche, as well as Freud's theory of psychoanalysis, have had a lasting impact on modern culture. Scientists from German-speaking countries have won numerous Nobel Prizes in literature, economy, physics, chemistry, and medicine.

At the beginning of the 20th century, German-speaking countries were at the forefront of scientific disciplines, and German was the major language of science: 30% of scientific publications were written in German. Since then, the importance of German as a scientific language has dramatically decreased. Less than 5% of scientific publications are currently written in German, most of them in disciplines such as law, philosophy, and theology [16]. This situation can only partly be attributed to a decline in scientific contributions from German-speaking countries. Even in the universities of these countries, German is strongly challenged or has even been overtaken by English as the language of publication.

> The importance of German as a scientific language has dramatically decreased.

The same goes for the business world. In many large companies operating across borders, English has become the lingua franca for written (e-mails and documents) and oral communication (presentations and meetings). Such developments strongly affect the status of German as a foreign language. In almost all European countries, the number of German learners in schools has decreased significantly in the last five years [17]. Pragmatic reasons for learning German, such as better job market chances, have lost their importance, and German is increasingly losing ground to English and more recently to Chinese.

> German is one of the three official working languages of the European Commission, but in the EU's official business it is hardly used.

In the European Union, German is one of the three official working languages of the European Commission (along with English and French), but in practice, German is hardly used in the EU's official business. Only 3% of the documents sent by the European Commission to the Member States are written in German [16]. Recently political action was taken to address this problem. In 2006, Norbert Lammert, the President of the German Bundestag, wrote a letter to the European Commission saying that the German Bundestag will reject contracts and similar documents if a German translation is not available. Language technology can address this challenge by offering services such as machine translation and cross-lingual information retrieval to reduce the personal and economic disadvantages facing non-native English speakers in Europe.

3.7 GERMAN ON THE INTERNET

In 2010, almost 70% of the German population and 75% of the Austrian population were Internet users and most said they were online every day [18, 19]. The percentage of young people using the Internet is even higher in both countries. The strong presence of German on the Web is also mirrored by the fact that the German Wikipedia is the second largest Wikipedia after English (not including automatically translated versions like the Thai Wikipedia).

> The German Wikipedia is the second largest Wikipedia after English.

With about 14 million Internet domains in November 2010, the .de top-level country domain for Germany is the world's largest country extension, and it is the second largest extension after the .com domain [20, 21]. This dominant Internet presence suggests that there is a vast amount of German language data on the Web. In addition, some bilingual resources such as the LEO online dictionary are available for free [22].

> Germany's .de top-level domain is the world's largest country extension.

The growing importance of the Internet is critical for language technology. The vast amount of digital language data is a key resource for analysing the usage of natural language, in particular, for collecting statistical information about patterns. And the Internet offers a wide range of application areas for language technology. The most commonly used web application is search, which involves the automatic processing of language on multiple levels, as will be shown in more detail later. Web search involves sophisticated language technology that differs for each language. For the German language, for example, this involves matching *ä* and *ae*, or taking capitalisation into account to distinguish between nouns and verbs, for example, *Fliegen* [flies] and *fliegen* [to fly].

One important aspect of equal opportunities in Germany and other European countries is the *Gesetz zur Gleichstellung behinderter Menschen* [Law on Equal Opportunities for the Disabled], which came into force in 2002, and addresses the issue of *Barrierefreie Informationstechnik* [barrier-free information technology]. It enjoins public agencies to make sure that the disabled can use their websites and Internet services without any restrictions. User-friendly language technology tools provide speech synthesis, for example, to enunciate the content of web pages for the blind. Internet users and providers of web content can also use language technology in less obvious ways, for example, by automatically translating web page contents from one language into another. Despite the high cost of manually translating this content, comparatively little language technology has been developed and applied to the issue of website translation in light of the supposed need. This may be due to the complexity of the German language and to the range of different technologies involved in typical applications.

The next chapter gives an introduction to language technology and its core application areas, together with an evaluation of current language technology support for German.

4

LANGUAGE TECHNOLOGY SUPPORT FOR GERMAN

Language technology is used to develop software systems designed to handle human language and are therefore often called "human language technology". Human language comes in spoken and written forms. While speech is the oldest and in terms of human evolution the most natural form of language communication, complex information and most human knowledge is stored and transmitted through the written word. Speech and text technologies process or produce these different forms of language, using dictionaries, rules of grammar, and semantics. This means that language technology (LT) links language to various forms of knowledge, independently of the media (speech or text) in which it is expressed. Figure 2 illustrates the LT landscape.

When we communicate, we combine language with other modes of communication and information media; for example speaking can involve gestures and facial expressions, digital texts link to pictures and sounds, movies may contain language in spoken and written form. In other words, speech and text technologies overlap and interact with other multimodal communication and multimedia technologies.

In this section, we will discuss the main application areas of language technology, i. e., language checking, web search, speech interaction, and machine translation. These applications and basic technologies include

- spelling correction
- authoring support
- computer-assisted language learning
- information retrieval
- information extraction
- text summarisation
- question answering
- speech recognition
- speech synthesis

Language technology is an established area of research with an extensive set of introductory literature. The interested reader is referred to the following references: [23, 24, 25, 26, 27].

Before discussing the above application areas, we will briefly describe the architecture of a typical LT system.

4.1 APPLICATION ARCHITECTURES

Software applications for language processing typically consist of several components that mirror different aspects of language. While such applications tend to be very complex, Figure 3 shows a highly simplified architecture of a typical text processing system. The first three modules handle the structure and meaning of the text input:

1. Pre-processing: cleans the data, analyses or removes formatting, detects the input languages, and so on.
2. Grammatical analysis: finds the verb, its objects, modifiers, and other sentence elements; detects the sentence structure.

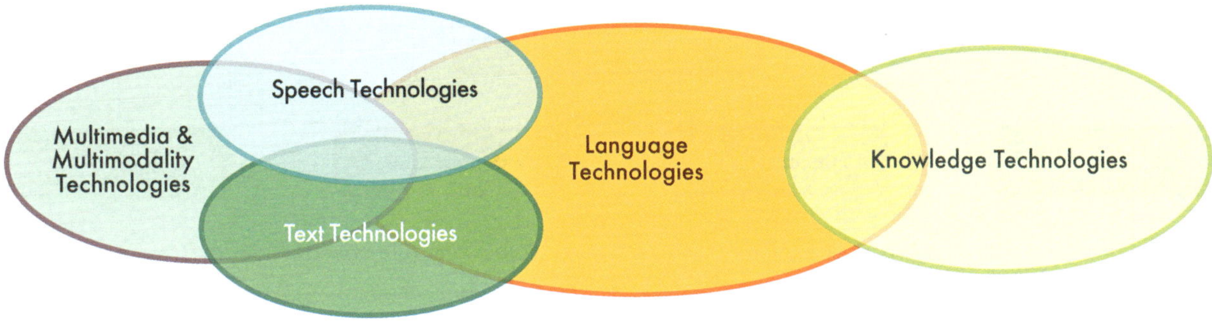

2: Language technologies

3. Semantic analysis: performs disambiguation (i. e., computes the appropriate meaning of words in a given context); resolves anaphora (i. e., which pronouns refer to which nouns in the sentence); represents the meaning of the sentence in a machine-readable way.

After analysing the text, task-specific modules can perform other operations, such as automatic summarisation and database look-ups.

In the remainder of this section, we first introduce the core application areas for language technology, followed by a brief overview of the state of LT research and education today, and a description of past and present research programmes. Finally, we present an expert estimate of core LT tools and resources for German in terms of various dimensions such as availability, maturity and quality. The general situation of LT for the German language is summarised in Figure 8 (p. 67) at the end of this chapter. This table lists all tools and resources that are boldfaced in the text. LT support for German is also compared to other languages that are part of this series.

4.2 CORE APPLICATION AREAS

In this section, we focus on the most important LT tools and resources, and provide an overview of LT activities in Germany, Austria, and Switzerland.

4.2.1 Language Checking

Anyone who has used a word processor such as Microsoft Word knows that it has a spell checker that highlights spelling mistakes and proposes corrections. The first spelling correction programs compared a list of extracted words against a dictionary of correctly spelled

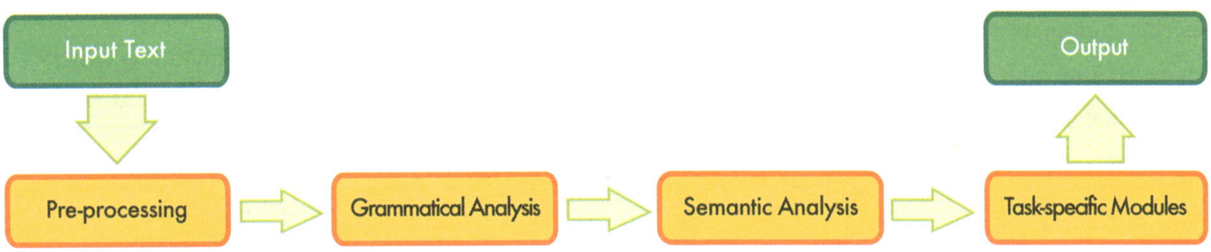

3: A typical text processing architecture

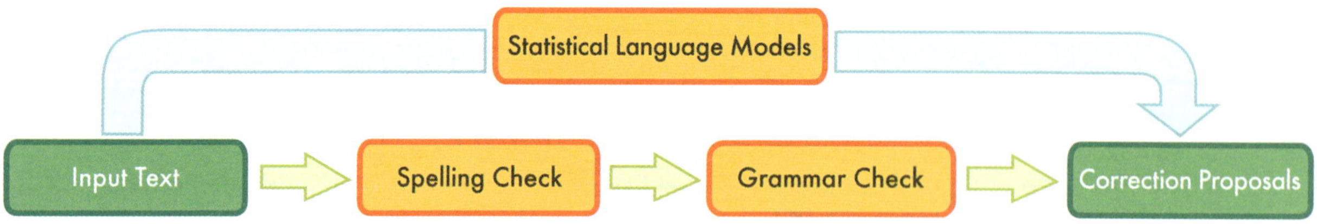

4: Language checking (top: statistical; bottom: rule-based)

words. Today these programs are far more sophisticated. Using language-dependent algorithms for **grammatical analysis**, they detect errors related to morphology (e. g., plural formation) as well as syntax-related errors, such as a missing verb or a conflict of verb-subject agreement (e. g., *she *write a letter*). However, most spell checkers will not find any errors in the following text [36]:

I have a spelling checker,
It came with my PC.
It plane lee marks four my revue
Miss steaks aye can knot sea.

Handling these kinds of errors usually requires an analysis of the context. For example: whether a word needs to be capitalised in German or not:

- Sie übersetzte den Text ins **Englische**.
  [She translated the text into English.]
- Er las das **englische** Buch.
  [He read the English book.]

This type of analysis either needs to draw on language-specific **grammars** laboriously coded into the software by experts, or on a statistical language model. In this case, a model calculates the probability of a particular word as it occurs in a specific position (e. g., between the words that precede and follow it). For example: *englische Buch* is a much more probable word sequence than *Englische Buch*. A statistical language model can be automatically created by using a large amount of (correct) language data, a **text corpus**. These two approaches have been mostly developed around English language data. Neither approach can transfer easily to German because the language has a flexible word order, unlimited compound building, and a richer inflection system.

Language checking is not limited to word processors; it is also used in "authoring support systems", i. e., software environments in which manuals and other types of technical documentation for complex IT, healthcare, engineering, and other products, are written. To offset customer complaints about incorrect use and legal claims for damage resulting from poorly understood instructions, companies are increasingly focusing on the quality of technical documentation while targeting the international market (via translation or localisation) at the same time. Advances in natural language processing have led to the development of authoring support software, which helps the writer of technical documentation to use vocabulary and sentence structures that are consistent with industry rules and (corporate) terminology restrictions.

Language checking is not limited to word processors but also applies to authoring systems.

There are a number of German companies and language service providers offering products in this area. Siemens investigated approaches for German and developed the *Siemens-Dokumentationsdeutsch*, a controlled language for German. IAI, a German research institute, developed a checking module, CLAT, for German grammar and style. Acrolinx, a German company, offers software with a highly adaptable language checker as well as a terminology database. The Acrolinx style guidelines for technical documentation advise against using complex noun compounds like *Achsmesshebebühne* [hydraulic platform for measuring axles] and metaphorical language like *blitzschnell* [fast as lightning] or *Faustregel* [rule of thumb]. The guidelines also discourage the use of *man*, the impersonal pronoun, e. g., *Danach stellt man die Maschine aus* [afterwards, one switches off the engine]. Long and nested sentences are also discouraged. This is largely because such bloated language phenomena are hard for humans to process quickly and accurately. They may also be hard for MT systems to translate effectively. In addition to spell checkers and authoring support, language checking is also important in the field of computer-assisted language learning. Language checking applications also automatically correct search engine queries, as found in Google's *Did you mean ...* suggestions.

4.2.2 Web Search

Searching the Web, intranets, or digital libraries is probably the most widely used yet largely underdeveloped language technology application today. The Google search engine, which started in 1998, now handles about 80% of all search queries [28]. Since 2004, the verb *googeln* has even had an entry in the Duden dictionary. The Google search interface and results page display has not significantly changed since the first version. However, in the current version, Google offers spelling correction for misspelled words and incorporates basic semantic search capabilities that can improve search accuracy by analysing the meaning of terms in a search query context [29]. The Google success story shows that a large volume of data and efficient indexing techniques can deliver satisfactory results using a statistical approach to language processing.

For more sophisticated information requests, it is essential to integrate deeper linguistic knowledge to facilitate text interpretation. Experiments using **lexical resources** such as machine-readable thesauri or ontological language resources (e. g., WordNet for English or GermaNet for German) have demonstrated improvements in finding pages using synonyms of the original search terms, such as *Atomkraft* [atomic energy], *Kernenergie* [atomic power] and *Nuklearenergie* [nuclear energy], or even more loosely related terms.

The next generation of search engines will have to include much more sophisticated language technology.

The next generation of search engines will have to include much more sophisticated language technology, especially to deal with search queries consisting of a question or other sentence type rather than a list of keywords. For the query, *Give me a list of all companies that were taken over by other companies in the last five years*, a syntactic as well as **semantic analysis** is required. The system also needs to provide an index to quickly retrieve relevant documents. A satisfactory answer will require syntactic parsing to analyse the grammatical structure of the sentence and determine that the user wants companies that have been acquired, rather than companies that have acquired other companies. For the expression *last five years*, the system needs to determine the relevant range of years, taking into account the present year. The query then needs to be matched against a huge amount of unstructured data to find the pieces of information that are relevant to the user's request. This process is called information retrieval, and involves searching and ranking relevant documents. To generate a list of companies, the system also needs to recognise a particu-

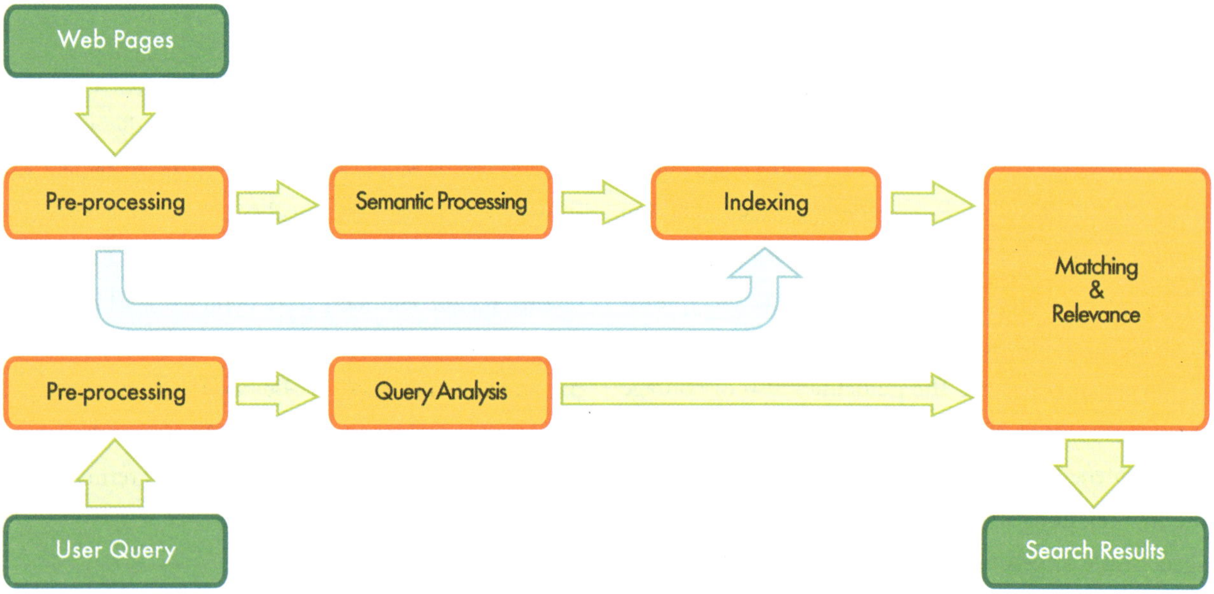

5: Web search

lar string of words in a document represents a company name, using a process called named entity recognition.

A more demanding challenge is matching a query in one language with documents in another language. Cross-lingual information retrieval involves automatically translating the query into all possible source languages and then translating the results back into the user's target language.

Now that data is increasingly found in non-textual formats, there is a need for services that deliver multimedia information retrieval by searching images, audio files and video data. In the case of audio and video files, a speech recognition module must convert the speech content into text (or into a phonetic representation) that can then be matched against a user query.

In Germany, small and medium-sized enterprises have successfully developed and applied search technologies, delivering the first German web search engine (Fireball) in 1997. It was later bought and further developed as a portal by Lycos Europe. Today, only a few German companies such as Neofonie or Attensity Group (formerly Empolis) provide their own search engines. Open-source technologies like Lucene and Solr are often used by search-focused companies to provide a basic search infrastructure. Other search-based companies rely on international search technologies such as FAST (a Norwegian company acquired by Microsoft in 2008) or the French company Exalead (acquired by Dassault Systèmes in 2010). These companies focus their development on providing add-ons and advanced search engines for portals by using topic-relevant semantics. Due to the constant high demand for processing power, such search engines are only cost-effective when handling relatively small text corpora. The processing time is several thousand times higher than that needed by a standard statistical search engine like Google. These search engines are in high demand for topic-specific domain modelling, but they cannot be used on the Web with its billions and billions of documents.

MetaGer is a meta search engine run by the University of Hannover. Intrafind, a Munich-based company, and others specialise in intranet search applications and search applications for products like SAP, which require customisation for specific customer data. In Switzerland, Eurospider provides information search for Internet portals. In Austria, there are web search engines directed only at Austrian sites such as AT:SEARCH, AUSTRIA-SEEK or AUSTROLINKS but their coverage and outreach is fairly limited. In addition to these search engines, Austrian companies have also developed special purpose search engines such as 123people, a real-time people search engine that supports regional and international searches for Austria, Germany, Canada, the USA, the UK, and other countries, or Tripwolf, an online travel platform.

4.2.3 Speech Interaction

Speech interaction is one of many application areas that depend on technologies for processing spoken language. Speech interaction technology is used to create interfaces that enable users to interact in spoken language instead of using a graphical display, keyboard, and mouse. Today, these voice user interfaces (VUI) are used for partially or fully automated telephone services provided by companies to customers, employees, or partners. Business domains that rely heavily on VUIs include banking, supply chain, public transportation, and telecommunications. Other uses of speech interaction technology include interfaces to car navigation systems and the use of spoken language as an alternative to the graphical or touchscreen interfaces in smartphones. Speech interaction technology comprises four technologies:

1. Automatic **speech recognition** (ASR) determines which words are actually spoken in a given sequence of sounds uttered by a user.
2. Natural language understanding analyses the syntactic structure of a user's utterance and interprets it according to the system in question.
3. Dialogue management determines which action to take given the user input and system functionality.
4. **Speech synthesis** (text-to-speech or TTS) transforms the system's reply into sounds for the user.

One of the major challenges of ASR systems is to accurately recognise the words a user utters. This means restricting the range of possible user utterances to a limited set of keywords, or manually creating language models that cover a large range of natural language utterances. Using machine learning techniques, language models can also be generated automatically from **speech corpora**, i. e., large collections of speech audio files and text transcriptions. Restricting utterances usually forces people to use the voice user interface in a rigid way and can damage user acceptance; but the creation, tuning and maintenance of rich language models will significantly increase costs. VUIs that employ language models and initially allow a user to express their intent more flexibly, e. g., greeting a user with a prompt of *How may I help you?*, are better accepted by users.

Speech interaction is the basis for interfaces that allow a user to interact with spoken language.

Companies tend to use utterances pre-recorded by professional speakers for generating the output of the voice user interface. For static utterances where the wording does not depend on particular contexts of use or personal user data, this can deliver a rich user experience. But more dynamic content in an utterance may suffer from unnatural intonation because different parts of audio files have simply been strung together. Through optimisation, today's TTS systems are getting better at producing natural-sounding dynamic utterances.

Interfaces in speech interaction have been considerably standardised during the last decade in terms of their various technological components. There has also been strong market consolidation in speech recognition and speech synthesis. The national markets in the G20 coun-

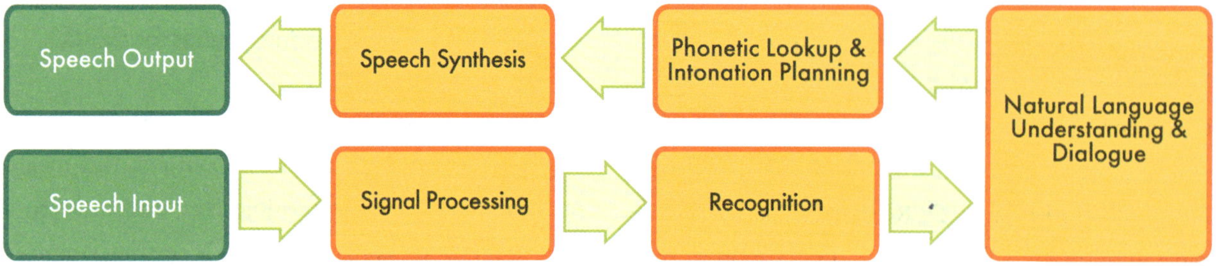

6: Speech-based dialogue system

tries (economically resilient countries with high populations) have been dominated by just five global players, with Nuance (USA) and Loquendo (Italy) being the most prominent players in Europe. In 2011, Nuance announced the acquisition of Loquendo, which represents a further step in market consolidation.

In the German-language TTS market, there are smaller companies such as voiceINTERconnect and Ivona. SVOX (Switzerland) was acquired by Nuance in 2011. An Austrian German dialect TTS voice was commercialised by CereProc, a UK company, in 2010. For many years, Philips Speech Recognition Systems had a strong ASR research and development unit in Austria, which was acquired by Nuance in 2008. Today, Simon Listens is an Austrian non-profit organisation that develops open-source ASR software, focusing on applications for special-needs user groups such as the physically handicapped and the elderly.

In terms of dialogue management technology and know-how, the market is dominated by national SME players. In Germany, these include Crealog, Excelsis, and SemanticEdge. Rather than relying on a software license-driven product business, these companies are mainly positioned as full-service providers that create VUIs as part of a system integration service. In the area of speech interaction, there is as yet no real market for syntactic and semantic analysis-based core technologies.

The demand for voice user interfaces in Germany has grown fast in the last five years, driven by increasing demand for customer self-service, cost optimisation for automated telephone services, and the increasing acceptance of spoken language as a media for human-machine interaction. All this was catalysed by the creation of the voice-community.de network that brought together industry players, research institutes and enterprise customers. Among other achievements, the voice community launched a joint plan for improving VUI quality, and organised the annual VOICE Days event which included a competition for VOICE Awards in different categories. As academic partners, the DFKI and the Fraunhofer IAO institutes played a key role in spreading knowledge about the advantages of speech interaction technology to German enterprises.

Looking ahead, there will be significant changes, due to the spread of smartphones as a new platform for managing customer relationships, in addition to fixed telephones, the Internet, and e-mail. This will also affect how speech interaction technology is used. In the long term, there will be fewer telephone-based VUIs, and spoken language apps will play a far more central role as a user-friendly input for smartphones. This will be largely driven by stepwise improvements in the accuracy of speaker-independent speech recognition via the speech dictation services already offered as centralised services to smartphone users.

4.2.4 Machine Translation

The idea of using digital computers to translate natural languages can be traced back to 1946 and was followed by substantial funding for research during the 1950s and again in the 1980s. Yet **machine translation** (MT) still cannot deliver on its initial promise of providing across-the-board automated translation.

At its most basic level, machine translation simply substitutes words in one natural language with words in another language.

The most basic approach to machine translation is the automatic replacement of the words in a text written in one natural language with the equivalent words of another language. This can be useful in subject domains that have a very restricted, formulaic language such as weather reports. However, in order to produce a good translation of less restricted texts, larger text units (phrases, sentences, or even whole passages) need to be matched to their closest counterparts in the target language. The major difficulty is that human language is ambiguous. Ambiguity creates challenges on multiple levels, such as word sense disambiguation at the lexical level (a *jaguar* is a brand of car or an animal) or the assignment of case on the syntactic level, for example:

The woman saw the car and her husband, too.

- Die Frau sah das Auto und **ihr** Mann auch.
- Die Frau sah das Auto und **ihren** Mann auch.

One way to build an MT system is to use linguistic rules. For translations between closely related languages, a translation using direct substitution may be feasible in cases such as the above example. However, rule-based (or linguistic knowledge-driven) systems often analyse the input text and create an intermediary symbolic representation from which the target language text can be generated. The success of these methods is highly dependent on the availability of extensive lexicons with morphological, syntactic, and semantic information, and large sets of grammar rules carefully designed by skilled linguists. This is a very long and therefore costly process. In the late 1980s when computational power increased and became cheaper, interest in statistical models for machine translation began to grow. Statistical models are derived from analysing bilingual text corpora or **parallel corpora**, such as the Europarl parallel corpus, which contains the proceedings of the European Parliament in 21 European languages. Given enough data, statistical MT works well enough to derive an approximate meaning of a foreign language text by processing parallel versions and finding plausible patterns of words. Unlike knowledge-driven systems, however, statistical (or data-driven) MT systems often generate ungrammatical output. Data-driven MT is advantageous because less human effort is required, and it can also cover special particularities of the language (e. g., idiomatic expressions) that are often ignored in knowledge-driven systems.

Machine Translation is particularly challenging for the German language.

The strengths and weaknesses of knowledge-driven and data-driven machine translation tend to be complementary, so that nowadays researchers focus on hybrid approaches that combine both methodologies. One such approach uses both knowledge-driven and data-driven systems, together with a selection module that decides on the best output for each sentence. However, results for sentences longer than roughly 12 words, will often be far from perfect. A more effective solution is to combine the best parts of each sentence from multiple outputs; this can be fairly complex, as corresponding parts of multiple alternatives are not always obvious and need to be aligned.

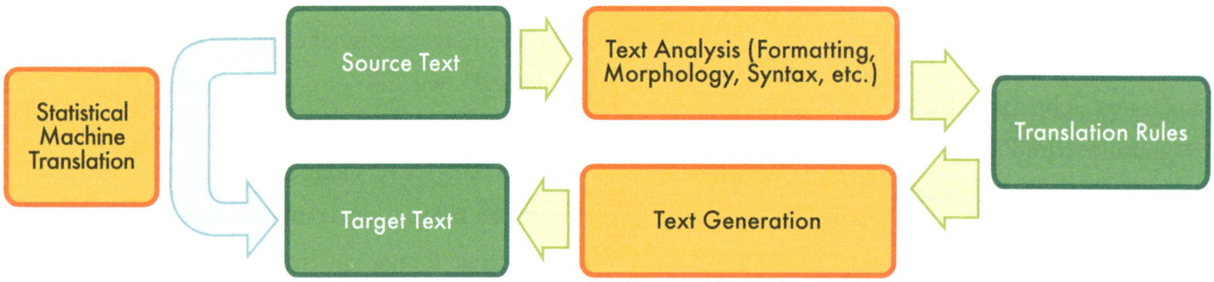

7: Machine translation (left: statistical; right: rule-based)

The potential for creating arbitrary new words by compounding makes dictionary analysis and dictionary coverage difficult; free word order and split verb constructions pose problems for analysis; extensive inflection is a challenge for generating words with proper gender and case markings. Some of today's leading MT systems such as LOGOS, METAL (Siemens), and LMT (IBM Heidelberg) were originally developed in Germany and brought to market maturity in this geography. When these companies ended their initial engagement in the technology, development was passed down to spin-offs. LOGOS was open-sourced. METAL was taken on by GMS and later Lucy Software, and also offered as Langenscheidt T1 in the retail market. The IBM system forms the basis for product offers from Linguatec (Personal Translator) and Lingenio (translate). CLS Communication offers MT in Switzerland. All of these systems are rule-based. Although significant research in this technology exists in national and international contexts, data-driven and hybrid systems have so far been less successful in business applications than in the research lab. The use of machine translation can significantly increase productivity provided the system is intelligently adapted to user-specific terminology and integrated into a workflow. Special systems for interactive translation support were developed, for example, at Siemens. Language portals such as the Volkswagen site provide access to dictionaries, company-specific terminology, translation memory, and MT support. There is still a huge potential for improving the quality of MT systems. The challenges involve adapting language resources to a given subject domain or user area, and integrating the technology into workflows that already have term bases and translation memories. Another problem is that most of the current systems are English-centred and only support a few languages from and into German. This leads to friction in the translation workflow and forces MT users to learn different lexicon coding tools for different systems.

Evaluation campaigns help to compare the quality of MT systems, their approaches, and the status of the systems for different language pairs. Figure 8 (p. 27), which was prepared during the Euromatrix+ project, shows the pair-wise performances obtained for 22 of the 23 EU languages (Irish was not compared). The results are ranked according to a BLEU score, which indicates higher scores for better translations [31]. A human translator would normally achieve around 80 points. The best results (in green and blue) were achieved by languages that benefit from a considerable research effort in coordinated programmes and the existence of many parallel corpora (e. g., English, French, Dutch, Spanish and German). The languages with poorer results are shown in red. These either lack such development efforts or are structurally very different from other languages (e. g., Hungarian, Maltese, Finnish).

4.3 OTHER APPLICATION AREAS

Building language technology applications involves a range of subtasks that do not always surface at the level of interaction with the user, but they provide significant service functionalities "behind the scenes" of the system in question. They all form important research issues that have now evolved into individual sub-disciplines of computational linguistics. Question answering, for example, is an active area of research for which annotated corpora have been built and scientific competitions have been initiated. The concept of question answering goes beyond keyword-based searches (in which the search engine responds by delivering a collection of potentially relevant documents) and enables users to ask a concrete question to which the system provides a single answer. For example:

> *Question: How old was Neil Armstrong when he stepped on the moon?*
> *Answer: 38.*

While question answering is obviously related to the core area of web search, it is now an umbrella term for such research issues as which different types of questions exist, and how they should be handled, how a set of documents that potentially contain the answer can be analysed and compared (do they provide conflicting answers?), and how specific information (the answer) can be reliably extracted from a document without ignoring the context. Question answering is in turn related to information extraction (IE), an area that was extremely popular and influential when computational linguistics took a statistical turn in the early 1990s. IE aims to identify specific pieces of information in specific classes of documents, such as the key players in company takeovers as reported in newspaper stories. Another common scenario that has been studied is reports on terrorist incidents. The task here consists of mapping appropriate parts of the text to a template that specifies the perpetrator, target, time, location, and results of the incident. Domain-specific template-filling is the central characteristic of IE, which makes it another example of a "behind the scenes" technology that forms a well-demarcated research area, which in practice needs to be embedded into a suitable application environment.

Language technology applications often provide significant service functionalities behind the scenes of larger software systems.

Text summarisation and **text generation** are two borderline areas that can act either as standalone applications or play a supporting role. Summarisation attempts to give the essentials of a long text in a short form, and is one of the features available in Microsoft Word. It mostly uses a statistical approach to identify the "important" words in a text (i. e., words that occur very frequently in the text in question but less frequently in general language use) and determine which sentences contain the most of these "important" words. These sentences are then extracted and put together to create the summary. In this very common commercial scenario, summarisation is simply a form of sentence extraction, and the text is reduced to a subset of its sentences. An alternative approach, for which some research has been carried out, is to generate brand new sentences that do not exist in the source text.

For German, research in most text technologies is much less developed than for English.

This requires a deeper understanding of the text, which means that so far this approach is far less robust. On the whole, a text generator is rarely used as a stand-alone application but is embedded into a larger software environment, such as a clinical information system that collects, stores, and processes patient data. Creating reports is just one of many applications for text summarisation. For the German language, research in these text technologies is much less developed than for the English language. Question answering, information extraction, and summarisation have been the focus of numerous open competitions in the USA since the 1990s, primarily organised by the government-sponsored organisations DARPA and NIST. These competitions have significantly improved the state of the art, but their focus has mostly been on the English language. As a result, there are hardly any annotated corpora or other special resources for these tasks in German. When summarisation systems use purely statistical methods, they are largely language-independent and a number of research prototypes are available. For text generation, reusable components have traditionally been limited to surface realisation modules (generation grammars) and most of the available software is for the English language. There is, however, a semantics-based multilingual generator and a template-based generator for the German language, but they date back to the 1990s and have not been ported to today's software environments.

4.4 EDUCATIONAL PROGRAMMES

Language technology is a very interdisciplinary field that involves the combined expertise of linguists, computer scientists, mathematicians, philosophers, psycholinguists, and neuroscientists, among others. As a result, it has not acquired a clear, independent existence in the German faculty system. Some universities have established a separate institute for computational linguistics (CL) (e. g., Heidelberg, Saarbrücken and Tübingen); others have created institutes under a slightly different name (Stuttgart). Programmes are also offered by other departments, such as computer science faculties (Leipzig and Hamburg) or linguistics faculties (Bochum and Jena). Some universities only offer Master's courses (Gießen) or Bachelor's courses (Erlangen-Nürnberg, Göttingen, Munich, Potsdam and Trier), or language technology modules to students majoring in other subjects (Hildesheim). Many of these programmes and courses have only been introduced recently. At least 17 German universities currently offer programmes in the field of language technology. In Switzerland, CL programmes are offered by the Universities of Zurich and Geneva. In Austria, there is no fully-fledged CL study programme, but CL and LT courses are taught as part of other programmes in Vienna and Klagenfurt.

The German Federal Statistics Office has kept statistics on CL as a course of study at German universities since the Winter Semester of 1992–93. Since then, studying CL has become increasingly popular. The number of students has been stable since 2000, and programmes have annually attracted around 250–350 new students who enrol in CL as their main course of study [32]. The relatively low number of graduates from German universities cannot meet the steadily rising demand for qualified personnel specialised in language technology. In many cases, companies and research institutes such as the German Research Centre for Artificial Intelligence (DFKI) and the Austrian Research Institute for Artificial Intelligence (ÖFAI) have to call on foreign experts to help them with their work.

4.5 NATIONAL PROJECTS AND INITIATIVES

The existence of a relatively lively LT sector in Germany can be traced back to major LT programmes over the last 20 to 30 years. The foundation was laid with the Collaborative Research Centre 100 "electronic language research" (1973–1986), funded by the German Research

Council (DFG). One of the first European projects was EUROTRA, an ambitious machine translation project that was established and funded by the European Commission from the late 1970s until 1994. Although EUROTRA did not reach its stated goal of building a state-of-the-art translation system, the project did have a long-term impact on Europe's language technology industry.

The IBM project LILOG (1985–1991) was an implementation of an information base in the German language. It involved some 200 scientists working in computational linguistics, natural language understanding systems, and artificial intelligence in Germany, and proved that a cooperative project between universities and industry can produce useful results for both pure research and real world methods and tools.

The VERBMOBIL project focused on a more data-driven approach to LT following a major shift in the translation paradigm away from a rule-based approach. This large-scale national project with the goal of translating speech in real time between German, Japanese, and English was funded by the Federal Ministry of Education and Research (BMBF) from 1993 to 2000. Although the resulting VERBMOBIL prototype was unable to establish itself in the marketplace, it led to many spin-off innovations. Today, the technology underlies the Google Translate system available on the Web.

National projects focused on marking up and annotating language resources were funded in the 1990s and early 2000s. These led to the development of the Stuttgart-Tübingen tag set (STTS), which has had a lasting impact on the annotation of language corpora. Two other projects – NEGRA and TIGER – were partially funded by the German Research Foundation (DFG). The annotation schemes proposed by these projects have become the de facto standard in the field, and they now underlie the international standardisation of syntactic annotation.

COLLATE, funded by the BMBF from 2000 to 2006, was one of the first projects to address the issues of a language infrastructure and led to the creation of an information portal for the field, LT World [26]. German and Austrian institutions are involved in the on-going European CLARIN project. Other on-going projects include EUROPEANA and THESEUS, a project co-funded by the Federal Ministry of Economics and Technology (BMWI) that aims to develop the basic technologies and standards needed to make knowledge on the Internet more widely available in the future.

In Austria, the Medical University of Vienna developed a language dialogue system in German as a part of the VIE-LANG project. The Faculty of Computer Sciences at the University of Vienna is carrying out the JET-CAT project on translation between Japanese and English, and an on-going project has been compiling the Austrian Academy Corpus since 2001. As yet, there are no dedicated LT programmes in Austria. Funding for LT-related topics typically comes from research programmes that have open topics, especially those that focus on the transfer of knowledge from academic research to industry (particularly via SMEs). Several of these programmes are administered by the Austrian Research Promotion Agency (FFG). The Vienna Science and Technology Fund (WWTF) is a fairly strong supporter of localised LT, especially for topics related to Vienna, such as synthesizing the speech of the Viennese dialect (or sociolect) and building MT systems to translate from Austrian German to Viennese and other dialects.

In Switzerland, interest in language technology began in the 1980s with strong involvement in the EUROTRA project. The Universities of Zurich and Geneva are currently working on several projects in the field of MT including MT between Standard German and Swiss German [33]. Corpus-building projects include the collection of speech corpora by the National Centre of Competence in Research on Interactive Multimodal

Information Management and a project that collects SMS text messages in Swiss German [34]. One Swiss research institute in this field is IDIAP. Generally speaking, Switzerland has a small LT sector, mainly because of limited funding opportunities. EU funding is not always accessible and is often considered to be unattractive for Swiss SMEs. The Commission for Technology and Innovation (KTI) offers efficient, red-tape-free support for short and medium-term projects and also supports the development of start-up companies. However, start-ups in the field of language technology are rare due to the lack of relevant expertise.

Along with many smaller scale projects that have now been completed, the above projects have led to the development of wide-ranging competencies in the field of LT as well as the creation of a basic technological infrastructure for German language tools and resources. However, public funding for LT projects in Germany and in Europe has significantly declined and is relatively low compared to the amount of money the USA spends on language translation and multilingual information access [35]. At a time when Google Search, Google Translate, Autonomy, IBM Watson, and Siri are powerful exemplars of the real-world capabilities of language technology, and in a world where the next generation of research results will decide who will drive the next revolution in IT, German-speaking countries run the risk of losing their excellent position in this competition.

4.6 AVAILABILITY OF TOOLS AND RESOURCES

Figure 8 provides a rating for language technology support for the German language. This rating of existing tools and resources was generated by leading experts in the field who provided estimates based on a scale from 0 (very low) to 6 (very high) using seven criteria. The key results for German can be summed up as follows:

- Speech processing currently seems to be more mature than the processing of written text. In fact, speech technology has already been successfully integrated into many everyday applications, from spoken dialogue systems and voice-based interfaces to mobile phones and car navigation systems.
- Research has successfully led to the design of medium- to high-quality software for basic text analysis, such as tools for morphological analysis and syntactic parsing. But advanced technologies that require deep linguistic processing and semantic knowledge are still in their infancy.
- As to resources, there is a large reference text corpus with a balanced mix of genres for the German language, but it is difficult and expensive to access. A number of corpora annotated with syntactic, semantic, and discourse structure mark-up exist, but again, there are not nearly enough language corpora containing the right sort of content to meet the growing need for deeper linguistic and semantic information.
- In particular, there is a lack of the sort of parallel corpora that form the basis for statistical and hybrid approaches to machine translation. Currently, translation from German to English works best because for there are large amounts of parallel text available for this language pair.
- Many of these tools, resources, and data formats do not meet industry standards and cannot be sustained effectively. A concerted programme is required to standardise data formats and APIs.
- An unclear legal situation restricts the use of digital texts, e. g., those published online by newspapers, for empirical linguistic and language technology research, such as training statistical language models. Together with politicians and policy makers, researchers should try to establish laws or regulations that enable researchers to use publicly available texts for language-related R&D activities.

	Quantity	Availability	Quality	Coverage	Maturity	Sustainability	Adaptability
Language Technology: Tools, Technologies and Applications							
Speech Recognition	5	1	5	5	4	3	3
Speech Synthesis	5	3	5	5	4	3	3
Grammatical analysis	4	2.5	4	4	4	2.5	2.5
Semantic analysis	2	2	3.5	2.5	2	2	1
Text generation	2	1	2.5	2.5	2	1	2
Machine translation	5	3	2.5	3.5	4	1	2
Language Resources: Resources, Data and Knowledge Bases							
Text corpora	3	2	4.5	3.5	4	4	2.5
Speech corpora	3	1	3.5	2.5	3	3	2
Parallel corpora	2	1	2.5	2.5	2	2	1
Lexical resources	3	2.5	4.5	3	4	4	2.5
Grammars	3	2	3.5	3.5	3	2	1

8: State of language technology support for German

- The cooperation between the Language Technology community and those involved with the Semantic Web and the closely related Linked Open Data movement should be intensified with the goal of establishing a collaboratively maintained, machine-readable knowledge base that can be used both in web-based information systems and as semantic knowledge bases in LT applications. Ideally, this endeavour should be addressed multilingually on the European scale.

In a number of specific areas of German language research, we have software with limited functionality available today. Obviously, further research efforts are required to meet the current deficit in processing texts on a deeper semantic level and to address the lack of resources such as parallel corpora for machine translation.

4.7 CROSS-LANGUAGE COMPARISON

The current state of LT support varies considerably from one language community to another. In order to compare the situation between languages, this section will present an evaluation based on two sample application areas (machine translation and speech processing) and one underlying technology (text analysis), as well as basic resources needed for building LT applications. The languages were categorised using the following scale:

1. Excellent support
2. Good support
3. Moderate support
4. Fragmentary support
5. Weak or no support

Language Technology support was measured according to the following criteria:

Speech Processing: Quality of existing speech recognition technologies, quality of existing speech synthesis technologies, coverage of domains, number and size of existing speech corpora, amount and variety of available speech-based applications.

Machine Translation: Quality of existing MT technologies, number of language pairs covered, coverage of linguistic phenomena and domains, quality and size of existing parallel corpora, amount and variety of available MT applications.

Text Analysis: Quality and coverage of existing text analysis technologies (morphology, syntax, semantics), coverage of linguistic phenomena and domains, amount and variety of available applications, quality and size of existing (annotated) text corpora, quality and coverage of existing lexical resources (e. g., WordNet) and grammars.

Resources: Quality and size of existing text corpora, speech corpora and parallel corpora, quality and coverage of existing lexical resources and grammars.

Figures 9 to 12 (p. 70 and 71) show that, thanks to large-scale LT funding in recent decades, the German language is better equipped than most other languages. It compares well with languages with a similar number of speakers, such as French, despite its greater structural complexity. But LT resources and tools for German clearly do not yet reach the quality and coverage of comparable resources and tools for the English language, which is in the lead in almost all LT areas. And there are still plenty of gaps in English-language resources with regard to high quality applications.

For speech processing, current technologies perform well enough to be successfully integrated into a number of industrial applications such as spoken dialogue and dictation systems. Today's text analysis components and resources already cover the linguistic phenomena of German to a certain extent and form part of many applications involving mostly shallow natural language processing, e. g. spelling correction and authoring support. However, for building more sophisticated applications, such as machine translation, there is a clear need for resources and technologies that cover a wider range of linguistic aspects and enable a deep semantic analysis of the input text. By improving the quality and coverage of these basic resources and technologies, we shall be able to open up new opportunities for tackling a broader range of advanced application areas, including high-quality machine translation.

4.8 CONCLUSIONS

In this series of white papers, we have provided the first high-level comparison of language technology support across 30 European languages. By identifying the gaps, needs, and deficits, the European language technology community and its related stakeholders are now in a position to design a large-scale research and development programme aimed at building truly multilingual, technology-enabled communication across Europe.

The results of this white paper series show that there is a dramatic difference in language technology support between European languages. While there are good-quality software and resources available for some languages and application areas, other (usually smaller) languages have substantial gaps. Many languages lack basic technologies for text analysis and the essential resources. Others have basic tools and resources, but there is little chance of implementing semantic methods in the near future. This means that a large-scale effort is needed to reach the ambitious goal of providing support for all European languages, for example through high quality machine translation.

In the case of the German language, we can be cautiously optimistic about the current state of language technology support. There is a viable research community in Germany, Austria, and Switzerland, which has been well-supported in the past by large research programmes, many of them in cooperation with industrial players such as Philips and IBM. Daimler, for example, took language technology right into the car.

A number of large-scale resources and state-of-the-art technologies have been produced for Standard German. However, the scope of the resources and the range of tools are still very limited when compared to English, and they are not yet good or ample enough to develop the kind of technologies required to support a truly multilingual knowledge society. Nor can we simply transfer technologies already developed and optimised for English to handle German. English-based systems for parsing (syntactic and grammatical analysis of sentence structure) typically perform far less well on German texts, due to the specific characteristics of the German language.

The German language technology industry is currently fragmented and disorganised. Most large companies have either stopped or severely cut their LT efforts, leaving the field to a number of specialised SMEs that are not robust enough to address their domestic and the global market through a sustained strategy. Finally there is a lack of continuity in research and development funding. Short-term coordinated programmes tend to alternate with periods of sparse or zero funding. Since VERBMOBIL, there has been no significant funding effort in Germany, and programmes like THESEUS only marginally touch on language technology. A shift towards EU funding has made it particularly challenging for SMEs to attract the necessary investments.

Our findings suggest that the only way forward is to substantially step up the creation of language technology resources for German, in order to drive the next generation of research, innovation and development. The only way to assemble big language data resources and address the extreme complexity of language technology systems is to develop the proper infrastructure and build a coherent research organisation that spurs a broad-based sharing and cooperation agenda.

The long term goal of META-NET is to enable the creation of high-quality language technology for all languages. This depends on all stakeholders right across politics, research, business, and society uniting their efforts. The resulting technology will help transform barriers into bridges between Europe's languages and pave the way for political and economic unity through cultural diversity.

Excellent support	Good support	Moderate support	Fragmentary support	Weak/no support
	English	Czech	Basque	Croatian
		Dutch	Bulgarian	Icelandic
		Finnish	Catalan	Latvian
		French	Danish	Lithuanian
		German	Estonian	Maltese
		Italian	Galician	Romanian
		Portuguese	Greek	
		Spanish	Hungarian	
			Irish	
			Norwegian	
			Polish	
			Serbian	
			Slovak	
			Slovene	
			Swedish	

9: Speech processing: State of language technology support for 30 European languages

Excellent support	Good support	Moderate support	Fragmentary support	Weak/no support
	English	French	Catalan	Basque
		Spanish	Dutch	Bulgarian
			German	Croatian
			Hungarian	Czech
			Italian	Danish
			Polish	Estonian
			Romanian	Finnish
				Galician
				Greek
				Icelandic
				Irish
				Latvian
				Lithuanian
				Maltese
				Norwegian
				Portuguese
				Serbian
				Slovak
				Slovene
				Swedish

10: Machine translation: State of language technology support for 30 European languages

Excellent support	Good support	Moderate support	Fragmentary support	Weak/no support
	English	Dutch	Basque	Croatian
		French	Bulgarian	Estonian
		German	Catalan	Icelandic
		Italian	Czech	Irish
		Spanish	Danish	Latvian
			Finnish	Lithuanian
			Galician	Maltese
			Greek	Serbian
			Hungarian	
			Norwegian	
			Polish	
			Portuguese	
			Romanian	
			Slovak	
			Slovene	
			Swedish	

11: Text analysis: State of language technology support for 30 European languages

Excellent support	Good support	Moderate support	Fragmentary support	Weak/no support
	English	Czech	Basque	Icelandic
		Dutch	Bulgarian	Irish
		French	Catalan	Latvian
		German	Croatian	Lithuanian
		Hungarian	Danish	Maltese
		Italian	Estonian	
		Polish	Finnish	
		Spanish	Galician	
		Swedish	Greek	
			Norwegian	
			Portuguese	
			Romanian	
			Serbian	
			Slovak	
			Slovene	

12: Speech and text resources: State of support for 30 European languages

ABOUT META-NET

META-NET is a Network of Excellence partially funded by the European Commission [1]. The network currently consists of 54 research centres in 33 European countries. META-NET forges META, the Multilingual Europe Technology Alliance, a growing community of language technology professionals and organisations in Europe. META-NET fosters the technological foundations for a truly multilingual European information society that:

- makes communication and cooperation possible across languages;
- grants all Europeans equal access to information and knowledge regardless of their language;
- builds upon and advances functionalities of networked information technology.

The network supports a Europe that unites as a single digital market and information space. It stimulates and promotes multilingual technologies for all European languages. These technologies support automatic translation, content production, information processing and knowledge management for a wide variety of subject domains and applications. They also enable intuitive language-based interfaces to technology ranging from household electronics, machinery and vehicles to computers and robots. Launched on 1 February 2010, META-NET has already conducted various activities in its three lines of action META-VISION, META-SHARE and META-RESEARCH.

META-VISION fosters a dynamic and influential stakeholder community that unites around a shared vision and a common strategic research agenda (SRA). The main focus of this activity is to build a coherent and cohesive LT community in Europe by bringing together representatives from highly fragmented and diverse groups of stakeholders. The present White Paper was prepared together with volumes for 29 other languages. The shared technology vision was developed in three sectorial Vision Groups. The META Technology Council was established in order to discuss and to prepare the SRA based on the vision in close interaction with the entire LT community.

META-SHARE creates an open, distributed facility for exchanging and sharing resources. The peer-to-peer network of repositories will contain language data, tools and web services that are documented with high-quality metadata and organised in standardised categories. The resources can be readily accessed and uniformly searched. The available resources include free, open source materials as well as restricted, commercially available, fee-based items.

META-RESEARCH builds bridges to related technology fields. This activity seeks to leverage advances in other fields and to capitalise on innovative research that can benefit language technology. In particular, the action line focuses on conducting leading-edge research in machine translation, collecting data, preparing data sets and organising language resources for evaluation purposes; compiling inventories of tools and methods; and organising workshops and training events for members of the community.

office@meta-net.eu – http://www.meta-net.eu

LITERATURVERWEISE REFERENCES

[1] Georg Rehm and Hans Uszkoreit. Multilingual Europe: A challenge for language tech (Das mehrsprachige Europa: Eine Herausforderung für die Sprachtechnologie). *MultiLingual*, 22(3):51–52, April/May 2011.

[2] Directorate-General Information Society & Media of the European Commission (Generaldirektion Informationsgesellschaft und Medien der Europäischen Kommission). User Language Preferences Online (Online-Sprachpräferenzen der Nutzer), 2011. http://ec.europa.eu/public_opinion/flash/fl_313_en.pdf.

[3] European Commission (Europäische Kommission). Multilingualism: an Asset for Europe and a Shared Commitment (Mehrsprachigkeit: Trumpfkarte Europas, aber auch gemeinsame Verpflichtung), 2008. http://ec.europa.eu/languages/pdf/comm2008_en.pdf.

[4] Directorate-General of the UNESCO (Generaldirektor der UNESCO). Intersectoral Mid-term Strategy on Languages and Multilingualism (Bereichsübergreifende mittelfristige Strategie zu Sprachen und Mehrsprachigkeit), 2007. http://unesdoc.unesco.org/images/0015/001503/150335e.pdf.

[5] Directorate-General for Translation of the European Commission (Generaldirektor der Europäischen Kommission für Übersetzungen). Size of the Language Industry in the EU (Umfang der Sprachindustrie in der EU), 2009. http://ec.europa.eu/dgs/translation/publications/studies.

[6] Translation Centre for the Bodies of the European Union (Übersetzungszentrum für die Körperschaften der europäischen Union). Our EU Languages (Unsere EU Sprachen). http://cdt.europa.eu/EN/whoweare/Pages/OurEUlanguages.aspx.

[7] StADaF Ständige Arbeitsgruppe Deutsch als Fremdsprache (Working Group German as a Foreign Language). Deutsch als Fremdsprache weltweit – Datenerhebung 2005 (German as a Foreign Language – 2005 Survey). http://www.goethe.de/mmo/priv/1459127-STANDARD.pdf.

[8] EFNIL European Federation of National Institutions for Languages (EFNIL Europäische Föderation nationaler Sprachinstitute). About Germany (Deutschland), 2009. http://www.efnil.org/documents/language-legislation-version-2007/germany/germany.

[9] Canoo Engineering AG. Zur Deutschen Rechtschreibreform (About the German Spelling Reform). http://www.canoo.net/services/GermanSpelling/Reform/fremdwoerter/eindeutschung-lebend.jsp?MenuId=GermanSpellingReform111.

[10] Lothar Lemnitzer. *Von Aldianer bis Zauselquote (From Aldianer to Zauselquote).* Gunter Narr Verlag, Tübingen, 2007.

[11] Bastian Sick. *Der Dativ ist dem Genitiv sein Tod – Ein Wegweiser durch den Irrgarten der deutschen Sprache (The Dative is the Genitive its Death – How to navigate the Labyrinth that is the German Language).* Kiepenheuer und Witsch, Köln, 2004.

[12] Bastian Sick. Zwiebelfisch – Kolumne in Der Spiegel (Zwiebelfisch – Column in the weekly journal Der Spiegel). http://www.spiegel.de/thema/zwiebelfisch/.

[13] Wolf Schneider. *Speak German! Warum Deutsch manchmal besser ist (Speak German! Why German sometimes is the better choice).* Rowohlt, 2008.

[14] OECD. Summary of Results from PISA 2009 (PISA 2009 Ergebnisse: Zusammenfassung). http://www.pisa.oecd.org/dataoecd/34/19/46619755.pdf.

[15] Hermann Avenarius, Hartmut Ditton, Hans Döbert, Klaus Klemm, Eckhard Klieme, Matthias Rürup, Heinz-Elmar Tenorth, Horst Weishaupt, and Manfred Weiß. Bildungsbericht für Deutschland (Report about Education in Germany), 2003. http://www.kmk.org/fileadmin/veroeffentlichungen_beschluesse/2003/2003_01_01-Bildungsbericht-erste-Befunde.pdf.

[16] Paul Joyce. The Status of German today (Der Status von Deutsch heute), 2010. http://www.pauljoycegerman.co.uk/abinitio/whygerm7.html.

[17] Spiegel Online. Deutsch steigt ab (German is relegated), 2012. http://www.spiegel.de/schulspiegel/wissen/0,1518,805646,00.html.

[18] ZDF Pressestelle (ZDF Press Office). ARD ZDF Onlinestudie (ARD ZDF Online Survey). http://www.ard-zdf-onlinestudie.de.

[19] Statistiken Österreich (Statistics Austria). IKT Nutzung in Haushalten (ICT Usage in Households), 2011. http://www.statistik.at/web_en/statistics/information_society/ict_usage_in_households/041019.html.

[20] DENIC. Geschichte der DENIC eG (History of the DENIC eG). http://www.denic.de/hintergrund/geschichte-der-denic-eg.html.

[21] eBrand Services. Updates to Country Code and Generic Top Level Domains (Nachrichten zu Updates der Länder- und generischen Domänen oberster Stufe). http://www.ebrandservices.com/welcome-to-e-brand-services,130.html.

[22] LEO Online Wörterbuch (LEO Online Dictionary). http://dict.leo.org.

[23] Kai-Uwe Carstensen, Christian Ebert, Cornelia Ebert, Susanne Jekat, Hagen Langer, and Ralf Klabunde, editors. *Computerlinguistik und Sprachtechnologie: Eine Einführung (Computational Linguistics and Language Technology: An Introduction).* Spektrum Akademischer Verlag, 2009.

[24] Daniel Jurafsky and James H. Martin. *Speech and Language Processing (Maschinelle Verarbeitung gesprochener und geschriebener Sprache)*. Prentice Hall, 2nd edition, 2009.

[25] Christopher D. Manning and Hinrich Schütze. *Foundations of Statistical Natural Language Processing (Grundlagen der statistischen Sprachverarbeitung)*. MIT Press, 1999.

[26] Language Technology World (LT World). http://www.lt-world.org.

[27] Ronald Cole, Joseph Mariani, Hans Uszkoreit, Giovanni Battista Varile, Annie Zaenen, and Antonio Zampolli, editors. *Survey of the State of the Art in Human Language Technology (Sprachtechnologie: Überblick über den Stand der Kunst)*. Cambridge University Press, 1998.

[28] Spiegel Online. Google zieht weiter davon (Google is still leaving everybody behind), 2009. http://www.spiegel.de/netzwelt/web/0,1518,619398,00.html.

[29] Juan Carlos Perez. Google Rolls out Semantic Search Capabilities (Google bietet ab sofort semantische Suchmöglichkeiten an), 2009. http://www.pcworld.com/businesscenter/article/161869/google_rolls_out_semantic_search_capabilities.html.

[30] Philipp Koehn, Alexandra Birch, and Ralf Steinberger. 462 Machine Translation Systems for Europe (462 Systeme zur maschinellen Übersetzung für Europa). In *Proceedings of MT Summit XII*, 2009.

[31] Kishore Papineni, Salim Roukos, Todd Ward, and Wei-Jing Zhu. BLEU: A Method for Automatic Evaluation of Machine Translation (BLEU: Eine Methode für die automatische Evaluierung von maschineller Übersetzung). In *Proceedings of the 40th Annual Meeting of ACL*, Philadelphia, PA, 2002.

[32] Statistisches Bundesamt (Federal Statistic Office of Germany). Offizielle Universitätsstatistiken, März 2011 (Official University statistics, March 2011).

[33] Yves Scherrer. Präsentationen und Veröffentlichungen (Presentations and Publications). http://www.latl.unige.ch/personal/yvesscherrer/#talks_papers.fr.

[34] sms4science. Bericht zu bestehenden Projekten und Initiativen (Report on Existing Projects and Initiatives), 2011. http://www.sms4science.ch.

[35] Gianni Lazzari. Human Language Technologies for Europe, 2006. http://cordis.europa.eu/documents/documentlibrary/90834371EN6.pdf.

[36] Jerrold H. Zar. Candidate for a Pullet Surprise. *Journal of Irreproducible Results*, page 13, 1994.

META-NET MITGLIEDER META-NET MEMBERS

Belgien	Belgium	Computational Linguistics and Psycholinguistics Research Centre, University of Antwerp: Walter Daelemans
		Centre for Processing Speech and Images, University of Leuven: Dirk van Compernolle
Bulgarien	Bulgaria	Institute for Bulgarian Language, Bulgarian Academy of Sciences: Svetla Koeva
Deutschland	Germany	Language Technology Lab, DFKI: Hans Uszkoreit, Georg Rehm
		Human Language Technology and Pattern Recognition, RWTH Aachen University: Hermann Ney
		Department of Computational Linguistics, Saarland University: Manfred Pinkal
Dänemark	Denmark	Centre for Language Technology, University of Copenhagen: Bolette Sandford Pedersen, Bente Maegaard
Estland	Estonia	Institute of Computer Science, University of Tartu: Tiit Roosmaa, Kadri Vider
Finnland	Finland	Computational Cognitive Systems Research Group, Aalto University: Timo Honkela
		Department of Modern Languages, University of Helsinki: Kimmo Koskenniemi, Krister Lindén
Frankreich	France	Centre National de la Recherche Scientifique, Laboratoire d'Informatique pour la Mécanique et les Sciences de l'Ingénieur and Institute for Multilingual and Multimedia Information: Joseph Mariani
		Evaluations and Language Resources Distribution Agency: Khalid Choukri
Griechenland	Greece	R.C. "Athena", Institute for Language and Speech Processing: Stelios Piperidis
Großbritannien	UK	School of Computer Science, University of Manchester: Sophia Ananiadou
		Institute for Language, Cognition and Computation, Centre for Speech Technology Research, University of Edinburgh: Steve Renals
		Research Institute of Informatics and Language Processing, University of Wolverhampton: Ruslan Mitkov
Irland	Ireland	School of Computing, Dublin City University: Josef van Genabith
Island	Iceland	School of Humanities, University of Iceland: Eiríkur Rögnvaldsson
Italien	Italy	Consiglio Nazionale delle Ricerche, Istituto di Linguistica Computazionale "Antonio Zampolli": Nicoletta Calzolari
		Human Language Technology Research Unit, Fondazione Bruno Kessler: Bernardo Magnini

Kroatien	Croatia	Institute of Linguistics, Faculty of Humanities and Social Science, University of Zagreb: Marko Tadić
Lettland	Latvia	Tilde: Andrejs Vasiļjevs
		Institute of Mathematics and Computer Science, University of Latvia: Inguna Skadiņa
Litauen	Lithuania	Institute of the Lithuanian Language: Jolanta Zabarskaitė
Luxemburg	Luxembourg	Arax Ltd.: Vartkes Goetcherian
Malta	Malta	Department Intelligent Computer Systems, University of Malta: Mike Rosner
Niederlande	Netherlands	Utrecht Institute of Linguistics, Utrecht University: Jan Odijk
		Computational Linguistics, University of Groningen: Gertjan van Noord
Norwegen	Norway	Department of Linguistic, Literary and Aesthetic Studies, University of Bergen: Koenraad De Smedt
		Department of Informatics, Language Technology Group, University of Oslo: Stephan Oepen
Österreich	Austria	Zentrum für Translationswissenschaft, Universität Wien: Gerhard Budin
Polen	Poland	Institute of Computer Science, Polish Academy of Sciences: Adam Przepiórkowski, Maciej Ogrodniczuk
		University of Łódź: Barbara Lewandowska-Tomaszczyk, Piotr Pęzik
		Department of Computer Linguistics and Artificial Intelligence, Adam Mickiewicz University: Zygmunt Vetulani
Portugal	Portugal	University of Lisbon: António Branco, Amália Mendes
		Spoken Language Systems Laboratory, Institute for Systems Engineering and Computers: Isabel Trancoso
Rumänien	Romania	Research Institute for Artificial Intelligence, Romanian Academy of Sciences: Dan Tufiş
		Faculty of Computer Science, University Alexandru Ioan Cuza of Iaşi: Dan Cristea
Schweden	Sweden	Department of Swedish, University of Gothenburg: Lars Borin
Schweiz	Switzerland	Idiap Research Institute: Hervé Bourlard
Serbien	Serbia	University of Belgrade, Faculty of Mathematics: Duško Vitas, Cvetana Krstev, Ivan Obradović
		Pupin Institute: Sanja Vranes
Slowakei	Slovakia	Ľudovít Štúr Institute of Linguistics, Slovak Academy of Sciences: Radovan Garabík
Slowenien	Slovenia	Jožef Stefan Institute: Marko Grobelnik
Spanien	Spain	Barcelona Media: Toni Badia, Maite Melero
		Institut Universitari de Lingüística Aplicada, Universitat Pompeu Fabra: Núria Bel

		Aholab Signal Processing Laboratory, University of the Basque Country: Inma Hernaez Rioja
		Centre for Language and Speech Technologies and Applications, Universitat Politècnica de Catalunya: Asunción Moreno
		Department of Signal Processing and Communications, University of Vigo: Carmen García Mateo
Tschechien	Czech Republic	Institute of Formal and Applied Linguistics, Charles University in Prague: Jan Hajič
Ungarn	Hungary	Research Institute for Linguistics, Hungarian Academy of Sciences: Tamás Váradi
		Department of Telecommunications and Media Informatics, Budapest University of Technology and Economics: Géza Németh, Gábor Olaszy
Zypern	Cyprus	Language Centre, School of Humanities: Jack Burston

Etwa 100 Experten des Gebiets Sprachtechnologie – Repräsentanten der in META-NET vertretenen Länder und Sprachen – diskutierten und finalisierten die zentralen Ergebnisse der Weißbuch-Serie bei einem META-NET-Treffen in Berlin am 21./22. Oktober 2011. – About 100 language technology experts – representatives of the countries and languages represented in META-NET – discussed and finalised the key results and messages of the White Paper Series at a META-NET meeting in Berlin, Germany, on October 21/22, 2011.

DIE META-NET WEISSBUCH-SERIE / THE META-NET WHITE PAPER SERIES

Baskisch	Basque	euskara
Bulgarisch	Bulgarian	български
Dänisch	Danish	dansk
Deutsch	German	Deutsch
Englisch	English	English
Estnisch	Estonian	eesti
Finnisch	Finnish	suomi
Französisch	French	français
Galizisch	Galician	galego
Griechisch	Greek	ελληνικά
Isländisch	Icelandic	íslenska
Irisch	Irish	Gaeilge
Italienisch	Italian	italiano
Katalanisch	Catalan	català
Kroatisch	Croatian	hrvatski
Lettisch	Latvian	latviešu valoda
Litauisch	Lithuanian	lietuvių kalba
Maltesisch	Maltese	Malti
Niederländisch	Dutch	Nederlands
Norwegisch Bokmål	Norwegian Bokmål	bokmål
Norwegisch Nynorsk	Norwegian Nynorsk	nynorsk
Polnisch	Polish	polski
Portugiesisch	Portuguese	português
Rumänisch	Romanian	română
Serbisch	Serbian	српски
Slowakisch	Slovak	slovenčina
Slowenisch	Slovene	slovenščina
Spanisch	Spanish	español
Schwedisch	Swedish	svenska
Tschechisch	Czech	čeština
Ungarisch	Hungarian	magyar